아버지의 순교와 아들의 용서이야기

임자도에 나타난 십자가

저자 박문석

사랑마루
SARANGMARU

임자도에 나타난 십자가

발행일 _ 1판 1쇄 2017년 5월 12일
발행인 _ 김진호
지은이 _ 박문석
편집인 _ 송우진
책임편집 _ 전영욱
기획/ 편집 _ 강영아 장주한
디자인/일러스트 _ 권미경 오인표
마케팅/ 홍보 _ 황성현
행정지원 _ 조미정 신문섭

펴낸곳 _ 도서출판 사랑마루
서울시 강남구 테헤란로 64길 17(대치동)

대표전화 TEL (02) 3459-1051~2/ FAX (02) 3459-1070
홈페이지 http://www.eholynet.org, http://www.ibcm.kr
등록 2011년 1월 17일 등록번호/ 제2011-000013호
ISBN 979-11-86124-37-6 03230
가격 10,000원

아버지의 순교와 아들의 용서이야기

임자도에 나타난 십자가

저자 박문석

사랑마루
SARANGMARU

이판일 장로의 순교와
이인재 목사의 용서의 신앙을 배우며

기독교대한성결교회 총회장 **여성삼** 목사

이판일 장로와 48명의 순교자들은 임자진리교회 뿐만 아니라 우리 성결교회의 자랑입니다. 교회 역사학자 터툴리안은 "기독교 신앙은 순교자들의 피 위에 세워진다."라고 했습니다. 한국전쟁 때 공산당들이 들어와 임자진리교회를 지키던 이판일 장로와 48명의 성도들을 집단적으로 끌고 가서 죽였습니다. 이판일 장로와 성도들은 죽는 순간까지 신앙의 절개를 굳게 지켰습니다. 이러한 순교정신이 오늘의 한국성결교회를 만들었습니다.

순교신앙 못지않게 중요한 것이 '용서하는 신앙'입니다. 이판일 장로의 아들 되시는 이인재 목사는 임자진리교회의 담임목사로 시무하시면서 아버지를 죽이는 일에 함께 가담했던 지역의 주민들을 끝까지 용서했습니다. 그리고 그 지역 주민들을 사랑으로 섬기면서 목회하셨습니다. 순교보다 더 어려운 것이 용서하는 일입니다. 우리 주님은 일흔 번씩 일곱 번까지 용서하라고 하셨는데 이인재 목사는 이러한 용서를 몸으로 실천하셨습니다. 이 책이 우리 성결가족 모두에게 순교와 용서의 신앙을 심어주는 귀한 책이 되기를 바라면서 출판을 기념하여 축하를 드립니다.

아버지의 순교, 아들의 용서

기독교대한성결교회 역사편찬위원장 **신영춘** 목사

한국성결교회의 역사는 순교와 저항의 역사다. 가시밭의 백합화로 상징되는 교단의 이미지와는 사뭇 다른 역사가 내면에 절절히 흐르고 있다. 그것은 역사의 질곡 속에서 단순히 왕이신 주 예수 그리스도를 모신 자의 강한 신앙의식이 있다는 말이다. 오직 예수 그리스도를 따르는 길을 사수하는 단순성의 영성이 있기에 어떤 요구와 협박에도 타협하지 않고 죽음으로서 외길을 걸어간 것이 성결교회의 모습이다.

이판일 장로의 가족과 임자진리교회 교인들의 집단 순교는 한국성결교회와 한국교회의 가장 대표적인 사건 중 하나다. 1950년 10월 5일에 이판일 장로와 아우 이판성 집사와 그의 식구들은 공산주의자들에게 사로잡혀 끌려갔다. 이때 35명의 교우들도 함께 끌려갔다. 이들은 예배 중에 잡혀온 것이다. 구덩이를 미리 파놓고서 그 앞에서 처형하려고 할 때 이판일 장로는 가족과 교우들의 영혼을 위하여 기도하고, 예수 그리스도께서 원수들을 위해 용서의 기도를 드렸던 것처럼 자신들을 처형하려는 공산주의자들을 위해서 간절히 기도를 드렸다. 이에 더 격분한 공산주의자들은 몽둥이와 칼과 창으로 이판일 장로와 그의 가족, 성도 모두 47명을 집단 처형하였다. 이 자리에 없었던 이판성 집사의 어린 딸 이완순은 가족이 끌려간 것을 알고 동네에 나가 통곡을 하니, 그 어린 딸까지 쳐 죽여 갯강에 가매장하여 결국 48명의 교우가 장렬히 순교의 길을 걸어간 것이다.

이 순교의 자리에 이판일 장로의 아들 이인재는 목포에 거주해 죽음을 면하게 되었다. 10월 30일 국군과 함께 고향으로 돌아온 그는 가족과 교우들이 처참하게 처형당했음을 확인하고 원수들에게 복수하려는 순간, 순교하신 이판일 장로의 다급한 소리가 들려온 것이다. "아들아, 내가 그들을 용서했으니 너도 그들을 용서하라!" 결국 이인재는 "당신들을 용서합니다."라고 하면서 복수를 멈추었다. 그리고 원수들을 풀어줄 뿐 아니라 그들을 사랑하여 아버지의 농지 1,000여 평을 팔아 교회당을 세운다. 그리고 그는 후에 신학을 하고 임자진리교회에서 목회를 시작한다.

그 동안 이 위대한 순교사건은 크게 다루어지지 않았고, 또 순교 터도 방치되어 있었다. 늦게나마 이 순교 터를 매입하고 기념비를 세움으로 순교자들을 다시 추념하게 됨은 다행스러운 일이 아닐 수 없다. 또 이렇게 이 순교사화를 정리하여 출판하게 된 것은 경하할 일이 아닐 수 없다. 이 책은 서울신학대학교 신학전문대학원에서 박사학위(Th.D)를 취득하신 박문석 목사의 집중력에 의해서 집필된 것이다. 이 책은 이판일 장로와 임자진리교회의 순교자들을 재조명하면서 이 시대를 살아가는 신앙인들에게 새로운 순교적 영성을 세워가는 일에 큰 지침이 되리라 믿는다.

문준경 순교기념관을 증도에 세울 때부터 나의 바람은 임자도 이판일의 순교 현장도 함께 개발해야 한다는 생각이었다. 그 후 필자가 이판일의 삶과 영성을 조명해야할 시점이라고 생각하고 있던 차에 총회본부 교육국으로부터 원고 부탁을 받았다. 한 가족과 온 성도의 순교 사례는 그냥 지나쳐서는 안 될 특별한 가치와 의미를 가지고 있다. 순교의 역사가 살아 있는 전남에는 임자진리교회, 영광염산교회, 야월리교회 등 여러 곳에 순교 현장이 있다. 그 중에서도 임자진리교회의 3대의 걸친 순교 현장은 남다른 의미가 있다. 순교의 영광은 아무에게나 주어지는 일이 아니다. 따라서 성도들은 순교 현장을 바라볼 때 진중한 자세로 임해야 한다.

이판일 장로 가족의 3대에 걸친 순교와 임자진리교회의 성도 35인의 순교 사건은 문준경 전도사의 순교와 함께 성결교단의 영적 유산이다. 이판일은 목회자도 아닌 평신도를 대표하는 장로다. 그는 일가족(열두 명과 이완순)을 거느리고 78세의 노모를 등에 업고, 다섯 살 난 아이의 손을 잡은 채 3km나 되는 밤길을 흔들림이 없이 걸어가 순교의 현장에 맞닿았다. 그 모습을 상상하면 감동스런 한 편의 드라마와 같다. 이 순교의 사건은 다른 현장에서 찾아보기 힘든 특기(特記)할만한 감동적 사례다.

필자는 이판일 장로와 그 아들 이인재 목사의 이야기를 써 내려 가면서 많은 감동을 받았다. 성도들을 순교의 자리에까지 이끈 이판일 장로의 신앙은 존경할만하다. 문준경과 같은 날 순교의 길을 떠난 이판일 장로의 순교 영성과 또 아버지의 음성을 듣고 원수들을 용서 해준 아들 이인재 목사의 영성은 오늘 우리 신앙인들에게 깊은 감동을 준다.

2017년 5월 12일 송공산 기도원에서
분매교회 원로목사 박문석

Contents
차례

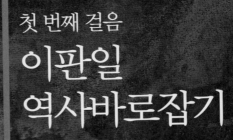

첫 번째 걸음
이판일
역사바로잡기

진충 이판일의 삶과 순교
바로잡은 임자진리교회 역사

진충 이판일의 삶과 순교

　이판일은 구한말에 태어났다. 주권을 잃은 나라와 국민들의 삶은 일제의 수탈과 횡포로 인해 말할 수 없이 어려운 상황이었고, 설상가상으로 기독자들은 신사참배와 동방요배를 강요받았다. 일제강점기에 술상 앞에서 일경(일본 순사)과 나눈 대화를 보면 신앙의 지조를 꿋꿋이 지켜 가는 이판일의 담력과 지혜가 참으로 통쾌하기까지 하다.[1] 이때는 너 나 할 것

임자 교동에 위치한 992명의 위령탑

없이 힘든 때였다. 이 같은 시절에 그는 다섯 남매의 장남으로 태어나 가정을 건사하며 지켰다. 해방의 기쁨은 잠시였고, 한국전쟁이 발발하여 동족상잔의 피비린내 나는 역사가 임자도에서 시작된다. 이때 임자 교동에 세워진 992명의 위령탑의 기록을 토대로 하면 이데올로기로 인해 기록되지 않은 좌우파의 희생자가 1,500명 이상이다. 그 가운데 신앙의 지조를 지키다가 가족 13명과 그를 따르는 35명의 성도를 순교의 자리로 인도한 영장 이판일 장로가

있다. 이판일을 가리켜 이성봉 목사는 '진충'이라 표현했다. '충성을 다한 자'라는 뜻이다. 필자는 진충 이판일의 생애와 삶, 그리고 순교에 이르는 과정에서 나타난 그의 사상과 지도력과 순교영성을 연구하여 이 시대에 교훈으로 남기고자 한다. 육체적으로나 정신적으로 곤고한 시대상황에서도 세속화되지 않고 성결한 삶의 모습을 보여준 이판일의 영성과 삶은 후손에게 귀감이 된다. 또 그 아버지의 순교영성을 닮아 용서와 사랑을 실천한 이인재 목사는 원수사랑의 전형이 된다.

출생과 결혼

이판일(李判一)은 1897년 1월 17일 전남 무안군 임자면 진리 461번지에서 부친 전주 이씨 이화국(李化局) 씨와 모친 의령 남씨 남구산(南丘山) 씨 사이에 3남 2녀 중 장남으로 출생하였다. 그는 아버지(호적, 단기 4259. 7. 6. 사망)가 1926년 7월 6일 세상을 떠나신 이후 어려운 시대에 홀로된 어머니를 모시고 살면서 정규 과정의 교육은 받지 못했지만 근면하고 타고난 남성적 기질과, 배움의 열정으로 스스로 학문을 익혔고 사회생활이나 서로 소통하는 일에 아무 어려움이 없이 지도자의 위치에서 교회를 이끈 소문난 장로였다.

이판일은 열세 살에 두 살 위의 여인 임소애와 결혼을 한다. 문준경 전도사가 기고한 「임자도 교회 부흥기」를 보면 이판일 집사는 이번 집회에 "깨트러졌다"고 표현할 만큼 강직한 성격의 소유자 이었다. 형편이 어려운 가정을 지켜야 한다는 책임감에서 이와 같은 의지가 강한 성격이 형성되었으리라 본다. 그는 동생들에게는 아버지의 역할을, 또 어머니에게는 아버지의 빈자리를 채우는 역할을 하며 살아야 했기에 한 치의 흐트러짐

없이 근면하게 살아야 했고 자기주관적인 삶의 방법을 지키고 정직하고 근면한, 철저한 생활 방식이 몸에 배어 있었던 것이다. 또 그 시대상으로 보아 이러한 강한 의지와 근면함과 집념이 없이는 자신과 가정을 지킬 수 없었고, 그와 같이 확고한 신앙의 사람으로 성장할 수 없었으리라는 생각이 든다. 그는 결혼 후 6년 만에 첫 딸(1916년) 옥심이를 비롯하여 슬하에 3남(인재, 인홍, 인택) 4녀(장녀 옥심, 2녀 이엽, 3녀 정엽, 4녀 소엽)를 두었다.

문준경과 임자도

문준경이 임자교회 개척을 목적으로 복음을 전파한 때는 경성성서학원의 1년간의 청강생 과정을 마치고 난 1932년 3월 경이었다. 하지만 경성성서학원에서 정식수양생의 신분으로 파송 받은 시기는 1932년 9월 초 추가 모집에서 수강생으로 인정받아 한 학기를 마치고 난 후였다. 양석봉은 봄 학기부터 인정받은 수양생이었으나 문준경이 수양생이 된 후 가을 학기에 두 분이 함께 임자도 지역으로 파송된다.[2] 문준경은 청강생으로 일 년을 다니면서 자원하여 임자도를 복음전파 지역과 개척지로 선택했다. 그가 임자도를 전도 지역으로 선택한 이유는 남편인 정근택 씨가 소실과 같이 타리 섬에서 살고 있기 때문이었다. 문준경은 세상 모든 미련을 버리고 복음전도자의 길을 가겠다는 결의를 남편에게 보이고 싶었다. 또한 그에게 복음을 전파하고자 하는 뜻이 있었고, 자신의 후실인 소복진 씨가 낳은 첫 딸 문심이를 보고 싶어 택한 것일 수도 있다. 큰 시숙은 자신의 이름을 따서 큰딸의 이름을 지어주었는데, 문 전도사 문씨 성을 따서 문, 제수의 아름다운 마음을 닮으라는 뜻으로 심, 즉 문심이었다.

이 딸이 소실에서 출산할 때 문준경이 산파역을 하여 출생했는데 조기 출산한 것으로 추정이 된다.

큰딸 문심의 증언에 의하면 "자신이 미숙아로 태어나 호흡을 제대로 못할 때면, 큰 어머니가 코를 빨아 살렸다."고 했다. 그래서인지 문준경은 큰딸에 대한 애착이 컸다. 기록에 보면 문준경은 문심을 많이 사랑했다. 이런 사랑이 큰딸이 살고 있는 임자도로 발걸음을 옮기게 했을지도 모른다. 섬마을 순교자의 기록을 보면, 큰딸 문심이가 보고 싶어 옷과 누비이불을 만들어서 타리 섬까지 찾아 왔다는 기록이 있다.[3] 그의 전도 열정으로 보아 이때 임자도를 오고가면서 그냥 지나치지 않고 진리에 사는 시조카인 정태성 씨와 친척들에게도 전도했으리라 본다. 그는 집사 시절 장석초 전도사와 같이 압해도에도 전도자로 나섰던 분이고, 목포교회 전도의 왕이란 별명을 가진 집사였다. 당시 이곳 임자도에 와서 전도했다는 정황을 짐작 할 수 있는 근거는 이인재 목사가 9살 때 임자도에 전도하러 오신 문준경 전도사를 보았다고 했기 때문이다. 그래서 그때를 기준으로 해서 임자교회 역사는 1930년부터 시작한 것으로 정리되어 있다. 이인재 목사의 증언을 중심으로 쓴 이종무 목사의 글을 그대로 옮겨 본다.

1930년 어느 날 오후 이판일이 글을 읽고 있는데 문 전도사가 방문했다. 이판일은 문 전도사의 정중한 인사를 받으며 친절히 맞이했다. "어떻게 누추한 저의 집을 방문하셨습니까?", "초면임에도 친절히 맞아주시니 감사합니다. 아주 중요한 책 한 권을 드리겠습니다." 그리고는 쪽 복음서를 내민다. "이건 무슨 책인가요?" 이판일은 책을 좋아하는지라 신기한 듯 받는다. "영생을 얻는 진리를 가르쳐주는 하나님의 말씀이 기록된 성경입니다." 진리에 대한 탐구심이 강한 이판일은 전도사와 진솔한 대화를 통하여 생명의 복음을 접하여 많은 감동을 받았다. 그는 얼마 후에 문 전도사에게 묻는다. "제가 신앙생활을 하려면 어떻게 해야 합니까?", "먼저 예수님을 나의 구주로 영접한다고 고백해야 합니다. 동의하시겠습니까?"
이판일은 예수님을 구주로 영접한다고 고백했다. [4]

그 후 그의 모습은 현저하게 변화되었다는 기록을 볼 수 있다. 이는 문준경이 교회를 개척하기 전부터 임자도에 예배 모임이 있었다는 증거다. 1930년대 그는 북교동교회 집사였다. 그리고 백정희 전도사의 증언에 따르면 남편과 소실은 임자도에서 전도하는 문 전도사를 극히 반대했다. 이 기록은 신학 하기 이전 집사 시절 문심을 보러 임자도에 들렀다가 교통이 불편하여 오고가는 시간이 지체되면 그 틈을 이용해서 전도하고, 또는 전도할 목적으로 찾아가 친족 집이나 전도 대상자의 집을 찾아 복음을 전했다는 증거다. 이판일 가정도 이때 전도 받은 것으로 보아야 한다. 백정희의 증언대로라면 "아낙네가 조신하지 못하다며 남편은 전도하는 것을 못 마땅하게 생각하지 않았을까?"한다. 당시는 유교 사상이 팽배한 상황이었고 여자들이 마을 어귀나 마당에서 소리 높여 노래하는 행동을 하면 정 아무개의 큰 아내가 이상하다는 비난을 받기 쉬웠다. 이 시대 여자들의 이런 행동은 용납 되지 않았다. 특히 유교적 사상이 강한 임자지역에 양반가의 여인이 그런 행동을 하면 오해와 비난의 소지가 분명 있었을 것이며, 그런 이유로 반대하지 않았을까 생각한다. 그러나 신학을 공부하고 목회자로 임자도에 들어 왔을 때는 경우가 달랐으리라 본다.

필자가 만난 그의 큰딸 문심 씨(현재 생존)의 증언에 따르면, 어머니와 큰어머니가 다투는 일은 없었고 오히려 형님, 동생하며 다정하게 지냈다고 한다. 자기도 어렸을 때 큰엄마 따라 임자교회에 나간 기억이 난다고 했다. 구전으로 듣고 알고 있는 내용과 전혀 다른 증언이었다. 임자도에 교회를 세울 수 있게 된 것도 친척 조카인 정태성 씨의 도움으로 그 집에서 모임이 시작되었고, 조카며느리 김판님씨가 중심이 되어 마을 아낙들이 모였는데 마당에 멍석을 깔고 앉아 노래와 찬송과 기도를 가르치고 또 간간이 설교도 하였다. 이런 도움이 없었다면 복음을 전하기 참으로 어려운 시대였다. 이 모임을 기반으로 문준경은 성서학원 청강생 1년을 마친 후 방학 기간인 1932년 초 3월 경에 교회설립을 시작한 것이다.[5] 그러나 공식적인 문준경의 파송 시점은, 9월 초에[6] 수양생으로 인정받고, 파송 받은 12월 초로 봄이 타당하다.[7]

임자교회 1대 사역자 문준경과 양석봉

문준경은 1891년 2월 2일 전남 무안군 암태면 수곡리에서 출생하셨다. 1927년 3월 5일 37세에 전도 받고[8] 입교하여, 1928년 4월에 세례를 받고, 그날 집사 임명을 받았다.(문준경 법정 진술서) 그는 주의 종이 되겠다고 기도하던 중 1931년 5월 5일에 경성성서학원 청강생으로 입학한다.[9] 그 후 1932년 9월 초에 수양생이 되었고 가을 학기를 마치고 실습기간에 임자도로 와서 본격적으로 전도를 시작한다.

문준경 전도사

이때 양석봉 전도사(1932년 12월)도 같이 파송 받아 임자도에 내려와 동역을 하게 된다. 양석봉은 1907년 4월 19일 충남 강경에서 2남 1녀의 장남으로 태어나 1997년 2월 16일까지 성결교단의 목사로 많은 일과 큰 족적을 남겼다. 이분은 문준경과 같이 1931년 신학에

양석봉 전도사

입학했으나 처음부터 수양생으로 입학했던 분으로 당시 북과 트럼펫을 불며 사람을 모아놓고 전도하는 재능이 있는 사람이었다. 이분은 강경상고를 나와서 일본제국이 운영하는 한일은행에 한국인으로 입사하였던 직원

이었다. 당시 김익두 목사님에게 큰 은혜를 받고 주의 종이 되기로 작정하고, 좋은 직장을 다 버리고 1931년 경성성서학원에 입학하여 공부했다. 후일 양석봉은 초창기 군목으로 활동하다 4대 군종감이 되었고, 군종감 시절 이승만 대통령에게 건의해 국가 행사를 기도로 시작하게 했던 분이다. 육군사관학교에 교회를 세우고 대령 예편 후에는 세계 어디에도 없는 경목제도를 입안토록 했다. 그는 군목 계나 경목 계에 큰 공로자였다.

예수 영접 후 이판일

아들 이인재의 증언에 따르면 이판일은 1930년 봄 경에 예수를 영접하고 먼저 큰딸 옥심을 이어서 그 동생들과 어머니 남구산 여사, 아내 임소애, 그리고 동생 이판성과 그의 제수 고성녀, 그의 자녀들까지 한 가족이 나아가게 했다고 한다. 이렇게 일사분란하게 움직일 수 있었던 것을 보면 이판일의 위상과 신뢰가 가족에게도 얼마나 대단했는가를 짐작할 수 있다. 이판일의 두 남동생 중 이판성은 같은 마을에 살았고 바로 아래 동생 이판지는 해남에서 경찰 생활을 하고 있었다. 한 마을에 사는 이판일과 이판성은 아홉 살이나 되는 나이 터울이 있음에도 항상 친구처럼 매사를 같이 의논하면서 돕고 살았다. 두 형제는 예수를 믿게 된 후부터는 의기투합하여 교회에 전력을 다했다. 그들은 서로 협력하는 모세와 아론 같은 인물들이었다. 형 이판일은 남녀노소 빈부귀천 불문하고 부지런히 전도하는 자였다. 그의 구령의 열정은 그 마을의 앞 못 보는 노인을 매주일 직접 찾아가 등에 업고 교회로 와서 예배를 드리도록 했다는 데서 확인할 수 있다.

임자교회 목회자 공백기의 이판일

이판일 장로는 단순히 목회자를 섬기고 보좌하는 수준의 역할만 한 것이 아니라 직접 성도들을 돌보며 목회자의 역할을 감당하는 평신도 지도자라 볼 수 있다. 그는 지도할 만한 영적 품격과 교육을 시킬만한 지도력을 충분히 갖춘 사람이었다. 그는 늘 스데반과 같이 순교의 길에 설 수 있는 자가 되기를 갈망하는 신앙인이었

이판일 장로

다. 그러기에 일제강점기부터 한국전쟁에 이르기까지 어떤 사상이나 이념 속에서도 한 치의 흔들림 없이 신앙의 절개를 지켰고 목회자 공백기에는 목회자 역할을 하고, 교회의 일이면 무슨 일이나 충성을 다했다. 임자교회는 문 전도사가 떠난 후 1936년-40년까지는 목회자가 없는 긴 공백기를 가졌고, 그 기간에는 이판일 장로가 주로 이끌었으나 때로는 문준경 전도사가 증동리교회에 김정순 전도사를 세워 놓고 와서 말씀을 전했다. 미국에 있는 아들의 증언에 의하면 아버지(김정순 전도사)가 1939년-40년까지 증동리에 계셨다고 한다. 이때는 문준경 전도사가 시무하고 있었던 시기였다. 정황상 김정순 전도사를 증동리교회 설교자로 세워 놓고 문 전도사는 임자교회도 돌보아 주었던 것으로 보인다.

임자교회 반장 이판일[10]

임자교회 2대 사역자 김정순 전도사

김정순 전도사

　　김정순 전도사(1941-1943년 강제해산까지)는 1893년 5월 20일 전남 무안군 암태면 송곡리에서, 4남 1녀 중 3남으로 출생하시고 1947년 3월 10일에 소천하신 분이다. 1941년 김재순이 정주 전도사로 파송되었는데,[11] 아들 김의석 목사의 증언에 의하면 김정순 전도사는 증동리교회에서 1939-40년대 계셨던 분으로 신안군 섬 출신이다. 현재(2017년) 84세로 미국에 생존해 계심을 전화통화로 확인하였다.[12] 그는 1933년생인데 자신이 6, 7세(38-40년경) 증동리교회에 아버님이 사셨고 임자도도 가졌던 것으로 안다고 하셨다. 아버지의 본명은 김정순(金正順)인데 재순(在順)으로 오기된 것 같다고 했다. 일제강점기인 1941년은 태평양전쟁으로 인해 우리나라 형편이 아주 어려운 시기여서 당시 임자도에 들어와 정주 전도자로 부임할 교역자가 없었을 것으로 안다고 했다. 아버지인 김정순 전도사는 정규 신학은 못하시고 목포에서 여름 특강 수준의 성경학교를 했으나 설교와 전도의 열정은 남달랐다. 홍도, 가거도까지 범선을 타고 다니며 전도하셨고, 암태를 중심으로 팔금 등 주변 여러 곳에 전도를 다녔다고 했다. 그리고 타고난 기질이 불의를 보고 참지 못하는 성품으로, 약하고 억울한 자의 편에 서서 일을 하셨다고 했다. 이런 올곧은 정신 때문에 소작 투쟁으로 형을 살았다고 했다. 김정순 전도사는 남다른 구령의 열정을 갖고, 불의와 타협하지 않고 항거하는 자였다. 이판일은 이러한 지도에 큰 영향을 받았으리라 본다. 이후 임자교회는 1945년 해방 후 교회를 되찾고 기독교대한성결교회 호남지방 소속 진리교회로 개칭하였고, 1946년 7월 호남지방회 주관으로 이판일 씨를 장로 장립하였다.

임자교회 3대 사역자 이봉성 전도사(1947-1952년)

이봉성은 1924년 2월 13일(음) 전라남도 무안군 지
도면(현, 신안군 증도면)에서 출생하셨다. 이봉성은 문
준경 전도사의 두 번째 사역지인 증동리교회 출신으로
문준경이 가장 아끼고 사랑하는 수제자였다. 문 전도사
밑에서 주일학교부터 신앙생활을 했다. 유교집안에서
형의 모진 박해를 견디지 못하고 죽으려고 문을 걸어 잠

이봉성 전도사

그고 7일 동안 금식하는데, 옆에서 누가 큰 음성으로 '봉성아' 부르면서
"아 이 나약한 사람아 죽을 결심 가지면 세상에서 못할 것이 있겠느냐?"
하며 책망을 하여 "누구요?"하고 보았으나 아무도 없었다. 다시 누워있는
데 이번에는 반대편에서 또 같은 음성으로 책망하여 그때 바로 몸을 추스
르고 일어나 밥도 먹고 형에게 자기 유산의 분깃도 다 포기하고 오직 예수
만 믿고 살겠다고 선포하였다. 핍박하는 형에게 담대하게 "이제는 주의
일만하겠다."고 하고 증동리교회에서 살다시피 하며 문 전도사님을 돕고
교회를 섬겼다고 한다.[13] 그리고 임자교회에서 1948년에 신학교 입학하
여 이판일 이판성 두형제와 성도들의 도움으로 1950년 4월에 졸업 했으
나 불행하게 한국전쟁의 후폭풍으로 10월에 이별을 한다. 이봉성 목사의
목회의 좌우명은 '정직하라. 성실하라. 근면하라. 최선을 다하라'이다. 그
는 자신이 세운 좌우명대로 가정에서나, 교회에서나, 군목에서나, 교단
에서나, 교계 연합운동에서 한결같이 실천적 삶을 살아 제2의 문준경이
라는 평가를 받고 있다. 이 분을 목회자로 성장시키는 데 결정적 역할을
하신 분들이 이판일 장로와 이판성 집사다. 그리고 이판일 일가 13명이
이봉성의 순수한 복음 전파의 말씀으로 양육 받아 순수영성으로 순교의
길에 섰다.

치리목사 이성봉과 만남

이성봉 목사

이성봉(1900년 7월 4일생)은 성결교회가 낳은 세계 적인 부흥사다. 이성봉은 한국교회 부흥사에서 빼놓을 수 없는 특별한 분이다. 그는 한국교회의 가장 심각한 시련기인 일제강점기와 한국전쟁의 고난을 겪었다. 그 리고 그 어려운 시기에 활동하면서도 전국교회의 부흥 운동을 맡고, 교통이 불편한 상황에서도 전국 오지의 작 은 교회와 특수 집단인 군진이나 경찰서, 구치소 그리고 한센병원과 양로 원 등을 활동무대로 삼았다.

이분이 임자교회 치리목사였다. 이 당시 이성봉은 목포교회에 시무하 면서 임자, 증도, 암태 등 교회가 세워진 섬마을을 순회하며 신자들에게 세례를 베풀었는데, 1934년 2월 2일 임자교회에서 이성봉 목사의 집례 로 최초의 세례식이 거행되었다. 이때 이판일과 이판성 형제는 나란히 앉 아 여신도 다섯 명과 더불어 세례를 받았다. 여신자 다섯 명 중에는 그의 어머니 남구산 여사도 있었다. 임자교회 최초의 세례교인들이 된 것이다. 이판일과 이성봉 목사는 수시로 연락하며 신앙 상담과 교회문제를 늘 상 의하였다. 그리고 교회건축 후 헌당식의 예식도 이성봉 목사가 집례를 하 였고, 자신의 생사문제가 걸린 한국전쟁 후 9월 경에 정치보위부에서 풀 려 나왔을 때도 이성봉 목사를 찾아가 교회를 위해 임자도에 들어가겠다 고 말씀 드리게 된다. 이때에 들어가지 말라 하셨으나 이판일은 바울 사 도와 같이 "나의 달려갈 길과 주 예수께 받은 사명을 위해서 나의 생명을 조금도 아끼지 않겠다."는 바울의 심정으로 임자도로 들어가셨던 것이다. 이판일과 이성봉의 만남은 하나님의 깊고 오묘하신 섭리하심의 작용으로 보인다.

예배당 건축과 헌당

임자교회는 문준경 전도사와 양석봉 전도사의 열정적인 전도와 헌신의 결실로, 성도 30여 명으로 부흥되어 성전 문제를 놓고 기도하던 중 마침내 1933년 봄, 진리 256번지에 있는 대지 80여 평을 매입했다. 약 250원을 들여 20여 평 규모의 여덟 칸짜리 초가 예배당을 짓게 되었다. 최초의 임자교회 예배당이었다. 이판일 형제의 헌신과 봉사 그리고 교인들의 땀과 노력의 결과로 예배당이 완공되게 된다. 이때에도 1934년 6월 12일에 치리목사 이성봉 목사의 집례로 헌당식이 거행 된다.[14]

양석봉 목사에 대한 기록에 '1934년 문준경 전도사와 함께 전남 신안군 임자교회를 동역하여 위의 기록과 같이 헌당하게 된다. 그리고 그는 1935년 경성성서학원 졸업 후 삼례교회로 파송 받아 폐쇄 직전에 있는 어려운 교회를 크게 부흥 발전시켰다.'[15] 그리고 문준경 전도사도 1935년 2월 중 후증도로 옮겨 개척을 하게 된다.[16] 그리고 문준경은 양석봉보다 한 해 뒤인 1936년 6월 26일 졸업을 했다.[17]

결단의 사람 이판일

이판일은 남다른 결단력이 있는 사람이었다. 예수 영접 후 바로 담뱃대를 부러뜨려 버리고, 술을 끊는 결단과 확고한 신념을 보여준 사람으로, 강직하여 마을사람들도 그를 함부로 대하지 못했다. 증언에 의하면 풍채도 좋았고 인물도 남자답게 생겼고 예의바르고 후덕한 사람이나, 누구도 함부로 대할 수 없는 대장부의 인품과 기질을 가졌다고 한다. 그분의 큰손자가 쓴『생명의 불꽃』에 보면 일본 경찰도 함부로 다룰 수 없는 지혜와 의지의 사람임을 볼 수 있다. 이런 인품을 가진 그는 복음을 받아들이면서 더욱 확고한 신념과 하늘의 소망을 바라보며 나아가는 믿음을 갖게 되었다. 하늘나라의 상급을 쌓는 삶을 살기 위해 이웃을 돌보는 일과 약한 자를 돕는 일까지 모범적으로 실천하여 그리스도인의 삶의 참 모습을 보여주어 당시 지역민들에게도 많은 귀감이 되었다.[18)]

예배자의 모범 이판일

시골에서는 농번기가 되면 주일을 지키는 것이 쉽지 않다. 그러나 이판일 집사는 처음부터 확실하게 농번기 철에도 주일 성수는 말씀대로 온전히 지켰다. 그래서 토요일 오후만 되면 주일을 지키는 일에 지장될만한 일들은 미리 다 해 놓는 치밀성을 보였다. 예배드리는 일에는 의복이나 헌금 등 일체를 미리 준비했고, 섬기는 교회의 필요한 부분까지 살폈다고 한다. 주일만 되면 온 가족이 오직 예배드리는 일에만 모든 관심을 두었고 늘 준비된 모습으로 예배에 참여했다. 주일에는 예배드리는 일 외에는 무슨 일도 하지 않는 모범적인 신앙의 가정이었다. 이날은 절친한 사이의 이웃들과도 농기구조차 빌려오거나 빌려주는 예가 없을 정도로 철저하게 지켰다. 주일만은 절대 예외가 없었다고 한다.

이판일의 효성

이판일은 일찍 아버지를 잃고 홀어머니를 모시면서 넷이나 되는 동생들을 돌보느라 다른 곳에 한눈팔 겨를이 없었다. 그런 힘든 가정 환경에서도 어머니에 대한 효성은 지극했다. 그는 "자녀들아 주 안에서 너희 부모에게 순종하라 이것이 옳으니라. 네 아버지와 어머니를 공경하라 이것은 약속이 있는 첫 계명이니 이로써 네가 잘되고 땅에서 장수하리라"(엡 6:1-3)는 말씀대로 효를 몸소 실천했다. 그 당시 기독교는 조상도 모르는 종교로 잘못인식 되어 특히 유교적 집안에서 박해가 심했다. 한국교회가 조상제례의식을 우상숭배로 간주하여 금하자 당시 사람들은 기독교는 부모도 모르고 조상도 안중에 없는 불효막심한 오랑캐의 종교라고 오해하였다. 이판일은 이러한 오해를 받지 않으려고 살아 계실 때 섬겨야 한다고 자녀들에게 교육을 시켰다. 효도의 참뜻을 가르쳐주기 위해서 "부모는 살아 계실 때 잘 모셔야지 돌아가신 후에 산해진미가 다 무슨 소용이냐?"하며 자신이 몸소 모범을 보였다. 그래서 어머니 생신(음력 10월 17일) 날이면 상다리가 휘어질 정도로 떡도 하고 고기도 잡고 푸짐하게 음식을 장만하여 놓고 먼저 할머니께 온 가족의 만수무강을 기원하며 큰절을 올리게 했다. 또 이웃들을 잔치에 초대하여 어머니 생신은 마을잔치가 되었다. 이판일은 기독교야말로 진정으로 부모를 봉양하는 고도의 윤리적인 종교임을 행동으로 깨우쳐 주었다. 필자는 아들 이인재 목사가 그때의 아버님을 생각하면 참으로 할머니께 효심이 지극한 효자였다고 늘 말씀하시는 것을 들었다.

은혜 받고 교회를 섬긴 이판일

1대 문준경 전도사[19)가 1936년 떠난 후부터 교역자가 파송되지 않아, 공백기가 생겼다. 문준경 전도사가 『활천』에 기고한 내용을 보면 1937년에 북교동교회에서 시무 중인 5대 김태일 목사를 모시고 5월 12-16일까지 성회를 통해 김소녀, 황성심과 이판일의 은혜 받은 기록이 나온다. 그리고 1940년에 국민 총력 성결교회 연명보의 전국조직 명단에는 임자교회 반장 이판일 반원 이판성, 후증도교회 반장 문준경 반원 이연신, 대초리교회 반장 조행선 반원 조인행으로 기재되어 있다. 37년 이후부터는 우전리, 방축리, 임자제원의 기도소와 또는 이 섬에서 저 섬으로 전도의 불이 붙어 돌아다니며 전도했다.[20) 이때 임자교회도 수시 방문하여 돌보았던 것으로 보인다.[21)

주의 종을 섬김

주의 종들을 섬김에는 아침에는 우물물을 길어 먼저 교회 독에 채우고, 겨울철에는 교회 쓸 땔감도 먼저 준비하고, 자신의 가정에서 쓸 나무는 뒤에 준비했다. 예배당 초가지붕과 교회 건물 돌보는 일과 교역자를 위해 식량을 정성껏 준비해 두는 일 등 교회와 교역자를 섬기는 일에 지극 정성이셨다고 아들 이인재 목사가 생존 시 필자에게 말씀하신바 있다. "아버님은 언제나 한결같이 내 집안일보다 교회 일이 더 우선이셨고, 매일 일터로 나가시기 전 기도하시고 교회 안팎을 깨끗이 청소하고 정돈하는 일들을 하셨다."고 한다. 또 교역자가 학업 때문에 경성으로 올라가 있는 동안에는 설교와 전도에 힘쓰셨다고 했다. 이판일은 문 전도사 시절부터 교역자가 없을 때는 교회를 계속 섬겨왔다.[22) 이는 이봉성의 부임[23) 후에도 계속 되었다. 이봉성 목사가 남긴 기록에도 훌륭한 교인들의 도움으로 학업을 마칠 수 있었고, 공부하는 기간에는 공 예배에는 이판일 장로가 밤과 새벽 예배는 이인재 집사가 도왔다고 기록하고 있다.[24) 이 전도사가 공부하는 동안에는 학부모의 심정으로 기도하며 그를 도왔음을 볼 수 있고 그를 사랑하고 아꼈음도 볼 수 있다.

당시 담임 전도사 이봉성은 이 장로에 대해 "이판일 장로님은 성경이 가르치는 대로 바른 인식으로 주의 종을 섬겼던 분이다. 그분은 언제나 한결같은 자세로 주의 종을 주님처럼 섬기셨던 분이다. 그 당시 임자교회 부임할 때 내 나이가 20대 초반이었으나 이 장로님은 큰 아들 나이 밖에 안 되는 저에게 꼬박꼬박 존댓말을 쓰셨고 매사에 순종하는 모습이셨다. 그리고 새벽기도는 물론이고, 아침에 논밭에 나가기 전 반드시 교회에 들러 기도를 드리고 일하러 나가는 모범을 보이셨고, 교회와 교인들을 아주 사랑하는 신실하신 분이셨다"고 증언하셨다.

생사의 갈림의 사건

이판일 장로의 큰 아들 이인재는 이미 목포에 분가해 있었다. 그리하여 1949년 11월에 두 가정이 목포로 옮기려고 부모님과 숙부와 의논 결과 합의를 보았다. 옮기는 일을 진행하던 중 교우들이 이 사실을 알고 애걸복걸하며 우리 교회까지 떠서 배에 싣고 가라고 울며 만류하는 바람에 평소에 교회를 사랑하고 성도를 아끼던 이판일은 그들의 요구를 뿌리치지 못하였다. 결국 교회를 위해 이사를 하지 않고 '여러분과 동고동락하며 살겠다.'고 결단의 고백을 한 후에 임자도를 떠나지 않았다. 그는 성도들과 함께 공산당에게 잡혀가는 날까지 변함없이 성도들을 돌보며 지냈고, 순교의 자리를 피할 수 있음에도 성도들을 위해 임자도에 들어와 성도들과 함께 동행했다.

정치보위부에 세 분이 끌려갔다 나옴

　이봉성의 기록에 의하면 9월 27일 밤 문준경, 이봉성, 양도천, 백정희는 '악질 기독교인'이라는 이유로 체포당했다. 새끼줄로 묶어 끌고가 지도면 치안분소 유치장에 감금시켰다. 그곳에는 지역 유지 몇 사람도 있었다. 며칠 후 문 전도사와 이봉성 전도사를 목포로 압송했는데 배를 타고 가면서 문준경 전도사는 이봉성 전도사에게 '순교를 각오하고 강하고 담대하라'고 일렀다. 두 사람이 정치 보위부에 당도하자 남녀를 따로 유치장에 감금했다. 그곳은 이미 무안군과 목포 일대에서 체포된 사람들로 초만원이었다. 이곳에서 이봉성 전도사는 이판일과 이판성 형제를 만난다. 이들은 서로 위로하며 강하고 담대하자고 격려를 했다. 그리고 그들은 함께 있으면서 시간만 나면 눈을 감고 기도했다. 그런데 어느 날 아침, 공산당원들의 사기가 뚝 떨어져 있었다. 유치인 중에 초단파 라디오를 듣는 사람이 있었는데 그의 말을 들으니 유엔군이 인천 상륙작전에 성공 했다는 것이다. 모두들 살았다고 기뻐하고 며칠이 지나자 라디오 수신자가 아군이 서울을 탈환했다고 전했다. 이 소식을 들은 유치인들은 "대한민국 만세"를 외쳤다. 그런데도 공산당들은 모른 체하고 도망갈 궁리만 하더니 밤에 어디로인지 도주했다. 이튿날 아침에 유치인은 스스로 유치장의 문을 열고 모두 밖으로 나왔다.

이성봉과의 마지막 상봉

　이봉성 전도사 일행이 목포 정치보위부에서 나오던 날 이판일 장로의 장남인 이인재 집사가 마중을 나왔다. 그는 몇 달 전부터 고향을 떠나 목포에서 직장 생활을 하고 있었다. 모두 이인재 집사 댁으로 가서 세수를 한 후 아침을 먹고 잠시 쉬었다. 그동안에도 문준경 전도사는 증동리교회 성도들만 걱정하며 "내일이라도 나는 아침 배로 증동리에 들어가야겠다." 고 했다. 이때 이봉성 전도사는 "국군이 섬에 들어가려면 빨라도 이틀이 걸릴 터이니 가시더라도 이틀 후에 들어가야 합니다. 내일 가시면 위험합니다."하고 만류를 했다. 그러나 문 전도사는 "교인이 걱정되어 잠시도 머무를 수 없으니 나는 내일 들어가겠다."고 하고 강한 결심을 보였다. 이때 이인재 집사가 이성봉 목사님이 목포에 있는 한 성도 집에서 은거해 계신다고 말했다. 이 말을 듣고 이성봉 목사가 계신 곳에 찾아가 일행들이 기도를 받고 이판일과 문준경 두 분은 교인들을 위해 교회로 들어가겠다고 했다. 이때 이성봉 목사도 이판일 장로와 문준경 전도사에게 "성경 이사야 26장 20절에 보면 내 백성아 갈지어다. 네 밀실에 들어가서 네 문을 닫고 분노가 지나기까지 잠간 숨을 지어다"라는 말씀을 읽어주시면서 최명길 목사와 김재선 목사도 학살당했다고 말씀을 했으나 이판일 장로 형제와 문준경 전도사는 죽더라도 교인들을 위해서는 가야만 한다고 하면서 이판일은 임자도로 문준경은 증도로 들어가셨다. 이 만남이 이성봉 목사와 문준경 전도사 그리고 이판일 장로 형제의 마지막 상봉이었다.

지상에서의 마지막 예배

9월 28일 수복으로 인민군이 퇴각하기 시작했다. 이때 조선인민군 전선 사령관 김책은 무전으로 긴급 명령을 하달한다. "인민군의 후퇴는 일시적이다. 유엔군과 국군에 협력한 자와 그 가족을 전원 살해하라. 살해 방법은 당에서 파견되는 지도위원과 협의하되 각급 당책임자의 지휘 아래 시행하라." 퇴각하던 인민군과 좌익세력들은 이 무자비한 살인 명령에 따라 잔인하게 살인을 자행했다. 이때 이판일 장로 형제가 진리에 도착했던 것이다. 이판일 장로는 임자도로 돌아온 후 여전히 예배를 드렸고 10월 4일도 밀실에서 가족적으로 수요 밤 예배를 드리다가 가족 12명(이완순 추가 13인)이 좌익세력들에게 발각되어 한꺼번에 집에서 순교 터까지 끌려갔고, 나머지 35명의 교인들은 어떤 형태로 학살을 당했는지 알 수 없다. 이인재 목사도 당시 교인들의 죽음의 상황은 상세하게 알지 못했다. 한 곳에서 처형당하지는 않고 여러 가지 형태로 잔인하게 죽임을 당하고 버려졌다고 했다. 밤에 이루어진 사건인데다가 목격자나 기록이 없고 현장을 본 확실한 증언자가 없어서 당사자 가족들 외에는 형태와 장소도 짐작하기 어려운 일이었다.

일가족 천성을 향한 행진

이인재 가족장 애기렴 1954. 4. 1

일가족이 예배드리다 결사대에 잡히고 포승줄에 묶여 밤길에 노모와 다섯 살 성재의 손을 잡고 좌익분자들이 미리 파 놓은 백산 모래사장 웅덩이로 끌려가는 모습을 상상해 보라. 4일(수) 밤에 3km 넘는 어두운 밤길을 걸어갈 때 78세 어머니는 걷다 돌부리를 걷어차고 넘어지기를 반복하고, 어린 성재는(5살) 영문도 모르고 울고 품으로 달려든다. 좌익분자 결사대는 아이들도 아랑곳하지 않고 몽둥이로 후려갈긴다. 당시 증언의 의하면 임자도에 결사대원이 30여 명이 있었는데 이들은 자기 아버지도 고발하여 죽이고 누나도 죽였다는 것이다. 이런 자들이 누구의 사정을 보아주었겠는가? 빨리 걸으라고 악을 쓰며 다그친다. 늙으신 노모가 너무 힘겨워 해서 이판일은 결사대원들에게 사정하여 노모를 업고 갈 수 있게 해달라고 부탁한다. 허락을 받아 두 형제는 교대로 어머니를 등에 업고 어린 성재의 손을 잡고 걸었다. 이윽고 이판일 장로와 가족 12명(이완순 빠짐)은 좌익분자들이 미리 파둔 백산 모래사장 구덩이 처형 장소에 다다랐다. 어느덧 날은 바뀌어 5일 새벽 1시에 이르고 있었다. 결사대들은 잔인무도하게 몽둥이와 창으로 죽였다.

그들은 잔인무도한 방법으로 쇠창으로 노모를 후려 쳤다. 그러나 노모는 고통스러운 기색을 보이지 않았다. 그때 그들은 '이 늙은 게 꽤나 독살스럽구먼?'하였고, 이판일의 형제는 그들에게 한 가지만 부탁한다. "어머니만은 무자비하게 죽이지 말라"고 소리쳤다. 이렇게 말할 때 노모가 말을 막았다. "얘들아, 비겁하게 죽으면 못써!" 작은 아들이 울부짖자 노모는 엄하게 꾸짖었다. 그리고 놈들을 향해 소리쳤다. "무엇을 망설여. 자, 어서 죽여. 예수 믿는 사람답게 당당하게 죽자꾸나!"[25] 이판일 장로는 무릎을 꿇고 최후의 기도를 드렸다. "주여, 이 부족한 종과 어린 영혼들을 받아 주옵소서! 저들을 불쌍히 여기사 죄를 용서해 주옵소서!"하고 일가족이 주님의 나라로 떠나셨다.

이판일 장로를 평가한 분들

문준경 전도사(임자교회 1대 교역자, 여성 순교자)

문준경 전도사가 생존에 계실 때 이판일 장로를 평가하기를 "하나님께서 반드시 이 사람을 통해 큰일을 계획하고 계실 것이다. 이 사람은 후세에 길이 남을 사람이 될 것이다. 아마도 우리 기독교계에 큰 공헌을 할 인물이 될 것이 분명하다"[26]고 했다.

이봉성 목사(임자교회 3대 교역자, 교단총무 12년, 한기총 사무총장)

이판일 장로의 온전한 섬김과 순종의 생애, 불타는 주님에 대한 사랑과 충성, 열정적인 전도와 봉사, 부모에 대한 극진한 효심은 만인의 귀감이라 평가했다.

김준곤(CCC대학생선교회 총재)

고결한 순교의 피를 흘린 이판일의 가족 13명과 장로님을 존경하고 흠모한다.

이만신 목사(기독교대한성결교회 총회장 역임, 한기총 회장역임)

핍박과 고난에도 굴하지 않고 청청한 신앙의 절개를 지키다 거룩한 순교의 재물이 되신 이판일 장로님의 삶이 오늘의 성도들에게 신앙의 큰 유익이 될 것이라 평가했다.

정태기 교수(크리스천 치유상담연구원장)

이판일 장로 부자의 순교와 용서를 통해 임자도에 뿌리내린 그리스도의 사랑이야말로 진정한 부흥의 역사라고 평가한 바 있다. 만일 그때 이인재 목사님이 이들에게 보복을 했더라면 진리교회는 부흥이 안 되었을 것이다. 이인재 목사님이 보복을 하지 않고 원수를 끌어안았기 때문에 교회의 부흥이 이루어질 수 있었다고 평가했다.

　이판일 장로 이판성 집사 두 가족의 순교자 이름 『성결교회 수난기』, p.82
　남구산(78세) 이판일(53세) 임소애(55세) 이인홍(21세)
　이소엽(18세) 이인택(15세) 이판성(44세) 고성녀(40세)
　이평재(20세) 이홍재(18세) 이길재(15세) 이완순(8세)
　이성재(5세)

'四十八人殉敎紀念塔'
필자와 이인재 목사의 삼남 임자진리교회 담임 이성균 목사

1990년 9월 기독교대한성결교회 순교자기념사업위원회에서 건립한 높이 9미터에 모퉁이 직경 2미터인 탑의 상단에는 예수 그리스도의 구원을 상징하는 십자가 사면 귀퉁이에 남녀노소의 순교를 의미하는 네 개의 작은 십자가가 하늘을 향하고 있다. 탑 아래 양 측면에는 검은색 대리석 위에 흰색 글자로 순교자 명단이 적혀 있다.

임자교회 48인 순교자 명단[27]

NO	성명	당시연령	성별	직분	신급
1	이판일(李判一)	53세	남	장로	세례
2	이판성(李判成)	44세	남	집사	세례
3	남구산(南丘山)	78세	여	집사	세례
4	임소애(任小愛)	55세	여	집사	세례
5	고성녀(高成女)	40세	여	집사	세례
6	이인홍(李仁弘)	21세	남	주교반사	세례
7	이평재(李平宰)	20세	남	주교반사	세례
8	이흥재(李興宰)	18세	남	주교반사	세례
9	이소엽(李蘇葉)	18세	여	주교반사	세례
10	이길재(李吉宰)	15세	남	주교반사	학습
11	이인택(李仁澤)	15세	남		학습
12	이완순(李完順)	8세	여		
13	이성재(李成宰)	5세	남		
14	김소례(金小禮)	50세	여	집사	세례
15	박생금(朴生今)	35세	여		학습
16	이정심(李正心)	29세	여		학습

17	황필성(黃必成)	23세	남		학습
18	황지서(黃知曙)	16세	남		
19	황지자(黃知子)	19세	여		
20	김동촌(金東村)	38세	남		
21	이해철(李解喆)	16세	남		
22	이점순(李點順)	16세	여		
23	고부덕(高富德)	30세	여		학습
24	김차동(金次同)	26세	남		
25	김득수(金得洙)	28세	남		세례
26	김선자(金善子)	26세	여		세례
27	한명수(韓明洙)	26세	남		세례
28	한영자(韓英子)	18세	여		세례
29	한희수(韓熙洙)	13세	남		
30	김종선(金鐘善)	28세	남		학습
31	김종수(金鍾洙)	22세	남		학습
32	김말수(金末洙)	12세	남		
33	김군자(金君子)	15세	여		
34	김유신(金有信)	13세	여		
35	김경용(金京用)	10세	남		
36	김경수(金京洙)	8세	남		
37	정우용(鄭優用)	11세	남		
38	정유용(鄭有用)	13세	남		
39	주판예(朱判禮)	16세	여		
40	박선자(朴善子)	14세	여		

41	황순범(黃順範)	13세	남		
42	김순복(金順福)	11세	남		
43	정금순(鄭今順)	16세	여		
44	정미순(鄭美順)	11세	여		
45	김춘자(金春子)	14세	여		
46	이인근(李仁根)	14세	남		
47	박연옥(朴蓮玉)	14세	여		
48	박이순(朴利順)	11세	여		

바로잡은 임자교회 역사

임자교회 시작

　임자교회의 창립 연월일은 1932년 7월로 보는 것이 가장 설득력이 있다.[28] 『섬마을 순교자』에는 1932년 3월로 기록되어 있다. 문준경 전도사는 북교동교회 집사였고, 이때 남편이 임자도에 살고 있어서 남편과 큰딸 문심을 보러갔다가 친척 집에 들러 전도하실 때 이인재 목사가 전도를 받은 것으로 추정할 수 있다.[29] 문준경은 1931년 5월에 신학입학 했으나 청강생이었다.[30] 청강생으로 입학하여 이성봉 목사의 도움으로 1932년 9월에 정식 수양생이 된다.[31] 수양생으로 인정받은 그 해에 양석봉과 같이 임자도에서 파송 받았고, 교회 설립을 위한 전도와 예배가 시작된 시점이 1932년 7월에서 9월 사이였다.

문준경의 동역자 양석봉

　양석봉은 2대 교역자가 아니라, 문준경이 수양생이 된 9월경 문준경과 같이 임자도에 전도를 위해 파송된 신학생이었다. 그는 1932년 9월에 임자교회 전도자로 정식으로 파송을 받아 학생의 신분으로 내려가게 된다.[32] 문 전도사를 도와 동역하여 1934년 교회를 세우기까지는 양석봉의 전도의 힘이 컸다.

2대 교역자는 김정순 전도사

1941년 『활천』에 김재순이 임자교회 정주 전도사로 파송된 것으로 나타나 있다.[33] 현재 미국에 거주하고 있는 김의석 목사의 아버지 김정(正)순 전도사가 김재(在)순으로 오기된 것으로 보는 편이 현실성 있다. 아들의 증언에 의하면 김정순 전도사는 증도교회에서 1939~40년대 계셨던 분으로 신안군 암태면 출신이다. 당시 김의석 전도사는 아버지의 섬 선교에 깊은 관심을 가졌던 유지를 받들어 깊은 섬 병풍교회에 첫 부임자로 오셨던 분이다.(필자의 고향) 그러나 당시 고향 교회에 경성성서학원 교수이신 문이호 목사가 부흥성회를 인도하러 오셨다가 '이런 실력 있는 청년이 섬에 있어서는 안 된다.'고 말하고, 경성성서학원 교무처로 스카우트하여 가셨다. 필자가 중학교 1학년일 때, 전도사님이 떠나신다는 말을 듣고 서운한 마음에 눈물을 흘렸던 기억이 난다. 떠나신 후 경성성서학원 교무처에서 4년 근무하시다가 사임하시고 미국 시카고로 유학을 하기 위해 떠났다. 다시 고국으로 들어오시려 했는데 셋째 아들이 장애가 있어 귀국하지 못하고 미국에서 감리교 목사로 목회하시다가 2017년 현재 84세로 미국에서 생존해 계심을 전화통화로 확인하였다.[34]

1933년생인 그가 6, 7세(1939-40년 경) 증동리교회에 아버님이 사셨고, 임자도에도 가셨던 것으로 안다고 증언했다. 그 아버지의 본명은 김정순 인데 재순으로 잘못 기록된 것 같다고 했다. 1941년은 태평양전쟁으로 인해 우리나라의 생활 형편은 아주 어려웠다. 당시 임자도에 들어와 정주(定駐) 전도자로 교회를 맡아 설교할 전도사나 교회에서 교역자를 모실만한 여력이 없었던 것으로 안다고 했다. 아버지인 김 전도사는 정규 신학은 못하시고 목포 장로교회에서 성경학교(Summer School)를 마치고 세례 받고 그때부터 전도의 열정이 남달라 홍도와 가거도까지 범선을 타고 다니며 전도하였고, 암태를 중심으로 팔금 등 주변 여러 곳에 전도를 다녔다고 했다. 그리고 타고난 기질이 불의를 보고 참지 못하는 성품으로 약하고 억울한 자의 편에 서서 일을 하셨다고 했다. 『동아일보』 1924년 7월 13일 2면(사회면)에 실린 김정순의 기록과 『동아일보』 1925년 4월 29일 기사에서 실형 8개월 언도를 받은 기록이 보인다. 암태도의 소작쟁의 투쟁사에도 청년대표자들과 투쟁했다는 기록이 있으며, 이 기사들은 아들의 증언을 뒷받침하는 내용이다. 이분이 김정순 전도자로 신안군 도서가를 작사 한 분이다. 김정순 전도사는 도서가의 가사와 같이 구령의 열정이 남다른 분이었다.

왼쪽부터 김정순 전도사 사모, 필자의 모, 김의석 목사

무안군 도서가(섬, 신안군)

1. 산을 넘고 강을 건너 복음지고 가는 자야.
   무안군도 십일 면에 십만 여명 귀한 영혼
   이 복음을 못 들어서 죄악 중에 해매이네

후렴
   달려라 그 귀한 발걸음 전 하여라 그 귀한 복음을
   압해, 안좌, 임자, 지도, 자은, 암태, 하의
   장산, 비금, 흑산에 전하여라 그 복음을

2. 병들어도 치료기관 자손 위해 교육기관
   자동기차 통행기관 전신전화 통신기관
   한 가지도 없는 섬들 무엇 보고 사는지요.
   달려라 그 귀한 발걸음 전하여라. 그 귀한 복음을

후렴
   증도, 고이, 병풍, 매화, 당사, 철하, 백이, 반월, 상태, 우의,
   하태, 수치, 사치, 홍도, 과거도까지도 전하여라. 그 복음을

3대로 기록된 김신근 목사는 잘못됨

임자교회 3대 교역자로 김신근 목사가 1940년 3월에 부임한 것으로 기록되어 있는데 이는 잘못되었다. 김신근 목사는 1942년도에 신학을 졸업하셨고 김신근 목사의 약력에는 임자교회에 대한 기록이 전무하다. 임자교회 역사 정리는 다음과 같은 순으로 정리함이 타당하다.

1대 문준경 전도사
2대 김정순 전도사
3대 이봉성 전도사
4대 이순희 전도사
5대 전창희 전도사
6대 박정석 전도사
7대 이인재 전도사
8대 우동근 전도사
9대 이공신 목사
10대 이인재 목사
11대 박성균 목사
12대 김석오 목사
13대 이성균 목사

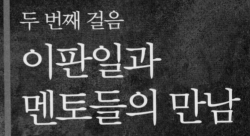

두 번째 걸음

이판일과
멘토들의 만남

문준경과 같은 날 순교한 이판일

인생은 태어나서부터 수많은 만남의 연속이다. 누구를 만나느냐에 따라 운명이 결정된다. 부모를 잘 만나면 돈과 명예와 사회적 지위를 얻게 되고, 인품까지 좋은 부모를 만나면 자식의 삶이 평안하고 부요하고 복될 것이다. 그러나 가난하고 노름을 하며 술주정뱅이에다가 인품까지 고약한 부모를 만났다면 자식의 삶은 험난할 것이다. 배우자도 친구도 이웃도 잘 만나야만 행복할 것이다.

이판일은 기질상 완고한 성격의 사람인 것으로 보인다. 『활천』에 기고한 문 전도사의 부흥기에 보면, 이판일 집사가 천주의 가르침을 의심함을 언급하면서 집회 4일째 되던 날 '깨뜨려졌다'고 표현하고 있는데, 이를 통해 기독교를 받아들이기 전 유교적 사상이나, 다른 신조로 마음이 굳어진 성격의 소유자이었음을 확인할 수 있다. 이런 사람이 어느 날 문준경을 만나 예수를 영접하게 된다. 만약 이판일이 문 전도사를 만나지 못했다면 어떻게 되었을까?

그의 운명은 바뀌었을 것이다. 문준경을 만남으로 자기 존재의 참 가치를 알게 되었고, 천사도 흠모할 축복의 이름인 스데반과 같은 순교자의 반열에 서셨다. 문준경을 만나지 못했다면 고집스러운 촌부로 살다가 가셨을 것이다. 그렇다면 지금에 와서 그를 기억 할 자가 얼마나 되겠는가? 아마 잊혀진 인물이 되었을 것이다. 그러나 그가 복음을 통해 참 가치를 알았기에 오늘날 우리는 그의 복된 삶의 모습을 배우고자 하는 것이다.

이판일과 문준경의 만남

문준경이 당시 임자교회에 입교했을 때는 1932년 3월, 경성성서학원 청강생으로 한 학년 공부를 마치고 실습기간이었다.[35] 문준경이 임자도에 교회를 세우게 된 것은 친척인 정태성 씨의 도움으로 그 집에서 모임이 시작되었다. 당시 김판님 씨가 중심이 되어 마을 아낙들이 모여 들었고, 주로 마당에 멍석을 깔고 모여 앉아 문 전도사가 찬송을 가르치고 또 간간이 설교도 하였다. 이때부터 마을에서는 노랫소리가 울려 퍼지기 시작했다. 기록에 보면 어느 날 이판일은 동네 행사에 다녀오는 길에 영근이네 집 마당에서 노래하는 소리를 듣고, 그곳을 들여다보니 어린애와 어른 30여 명이 모여 있는데 중년 부인이 가운데 앉아 이야기를 하고 있었다. 그는 "우리 인생은 본래 하나님이 만드셨습니다. 그때는 우리도 눈이 밝아 하나님도 천사도 볼 수 있었지만, 하나님을 배반함으로써 인간은 하나님과 원수가 되었고 하나님을 볼 수 없었을 뿐 아니라 하나님이 어떤 분인지 알 수도 없게 되고 말았습니다."라는 이야기를 듣게 된다. 그 이야기를 들은 후부터 이판일의 귓전에는 노래 소리와 이야기의 내용이 떠나지 않았고, 문 전도사에 대해 함부로 대할 수 없는 사람이라는 느낌을 받았다고 했다.[36]

그는 결국 문준경의 전도를 받고 신앙자가 되었다. 또 당시 경성성서학원의 재학 중이던 양석봉 씨가 임자도에 들어와 노방전도를 하여 많은 결신자가 생겨나는 일이 있었고, 초신자인 이판일은 예수를 영접한 날부터 남달리 신앙적으로 바르게 살기 위해 담뱃대와 쌈지를 아궁이에 던져 넣어 태워버리고 술도 끊는 결단을 하였다. 임자진리 마을의 노방전도의 열기와 문준경의 열심 있는 사역으로 30여 명의 결신자가 모이게 되자 예배드릴 처소가 문제가 되었다. 처소 문제로 기도하던 중 응답을 받아, 임자면 진리 256번지 80여 평을 구입하고, 그 대지에 250원을 들여 초가 20여 평의 목초 초가를 짓고, 1934년 6월12일(수양생이 되던 해)에 치리목사인 이성봉의 주례로 헌당식을 하게 되었다.[37] 그리고 조선 야소교 동양선교회 임자교회로 이름을 붙였다. 그 후 1947년 이봉성(전 교단 총무)이 전도사로 부임할 당시에는 40여 명의 신자가 출석했던 것으로 보인다.[38]

담임 전도사가 공부하기 위해 상경하면 이판일은 교회를 돌보며 예배를 인도했다. 그의 구령 열은 남달랐다. 그 한 예로 진리의 장님을 전도하기 위해 6개월 동안 업어서 주일 날 교회로 인도했다고 한다. 참으로 충성된 일꾼이었다.

문준경이 1934년에 세운 첫 진리교회의 모습

제9대 교역자 이공신 목사의 장남 이의종 집사 학창시절(1962년)

교역자를 섬김과 효성

이판일의 목회자 섬김의 미담은 선배 목사님들을 통해 필자도 많이 들은 바가 있다. 그는 언제든지 자신의 집안일보다 교회 일과 교역자가 우선이었다. 자기 집 땔감보다 교회 사택의 땔감을 먼저 준비했고, 자기 집 물독을 먼저 채우기보다 목회자 사택의 물독을 먼저 채웠다는 것이다. 이봉성 목사의 증언에 의하면 1950년 9월 인천 상륙작전으로 서울을 탈환했다는 소문이 돌면서 초조해진 인민군들은 마지막 발악을 하며 기독자들과 교역자들을 목포로 압송할 계획을 세웠다. 이판일 장로는 이 낌새를 미리 알아차리고 이봉성 전도사를 보호해야 한다면서 동생 이판성 집사에게 밤중에 나룻배로 이봉성 전도사를 증동리로 모셔다 드리라고 했다.

이봉성 전도사는 공산주의자들의 눈을 피해 밤늦은 시간에 임자 앞바다에서 나룻배를 타고 밤새 노를 저어 새벽 3시경에 증도에 도착하여 자신을 피신케 했다고 말하고 있다.[39] 그 후 교역자들이 모두 연행되어 목포 보안서로 갔을 때 이판일과 이판성은 유치장에서 만나게 된다. 그곳에서 그들은 "강하고 담대하자"고 서로 격려하며 시간만 나면 같이 기도했다.

9월 28일 수복이 알려지면서 정치보위부 경비가 소홀한 틈을 타서 유치장에서 모두 빠져나오게 되는데 이판일 장로와 이판성 집사 형제는 임자도로 가는 배를 타려고 나가게 된다. 이때 이봉성 전도사에게는 고향에 가서 계시다가 좌익세력들이 완전히 물러가면 임자교회로 오시라고 하고 그들은 임자도로 갔다고 했다.[40] 이봉성 전도사도 부두에 나와 배를 타려다 다시 그들에게 붙들려 곤욕을 치렀으나 풀려나서 이판일 장로의 부탁대로 고향으로 돌아와 이기백 씨의 서당 서고에 숨어 있었고, 이공신과 이봉성은 살아남을 수 있었다고 했다. 이봉성의 증언과 같이 이판일 장로는 교역자를 무척이나 아끼고 성도를 사랑하였다. 어머니에게는 지극정성으로 효를 다하며 에베소서 6장의 "네 부모를 공경하라"는 말씀을 몸소 실천에 옮기셨다. 매년 음력 10월 17일 어머니 생신날에는 돼지를 잡아 잔치를 열고 죽은 후에 부모에게 제사 드림보다 살아 생전에 제사를 드린다는 일명 산제사 정신으로 모본을 보여 믿는 자들은 살아계실 때 잘 섬겨야 함을 가르쳤다고 한다. 그가 1946년 7월 장로가 된 후로는 매일 새벽기도는 물론 아침 먹고 자기 논밭에 나가기 전 반드시 교회에 나와 기도를 드린 후 일하러 나갔다고 당시 담임사역자 이봉성 전도사가 증언했다.

그를 아는 분들의 증언도 한결 같았다. 참으로 이 시대에는 보기 어려운 귀한 장로 상으로 우리의 신앙 자세를 다시 한 번 되돌아보게 하는 대목이다.

노모와 성도 위해 발걸음

아버지가 수감되었다가 풀려났다는 소식을 들은 아들 이인재가 아버지를 찾아와 이성봉 목사가 목포에 있는 한 성도가정에 은신해 계신다고 전해 주었다. 그 소식을 들은 이판일과 문준경은 이 목사를 뵙고 문안 인사도 드릴 겸 찾아 갔다.[41] 이성봉은 한국전쟁으로 남쪽으로 피난하여 임성교회 성도들과 8월 2일 수요일 가정에서 예배드리다 잡혀가 몽둥이로 맞고 풀려났다. 그 후 최 마리아 성도의 사랑방에서 은밀히 모임을 갖다가 노출될 염려가 있어 인민군을 피해 1950년 9월 20일경 소달구지에 실려와 목포에서 은신하고 있었다. 수일 후에 문 전도사와 이판일 장로가 기도 받으러 은신처를 찾아 왔다. 두 분에게 기도해 주며 가지 말라고 했으나 교회를 생각하고 가더니 종내 그들에게 학살당하고 말았다고 회고되고 있다.[42] 당시에 이판일 장로에게 "놈들이 퇴각하면서 반동이라 생각되는 자는 모조리 죽이라는 비밀 지령이 있다는 소리가 있습니다. 그러니 제발 이 장로님도 임자도에 들어가지 마십시오"라며 만류를 했으나 이판일 장로의 대답은 늙으신 어머님과 교우들을 버린 채 나만 살 수 없다고 하면서 갔다고 한다.[43] 이때 문 전도사는 백정희와 성도들을 위해 증동리 교회로 갔고, 이판일은 노모와 성도들의 보호를 위해 임자도 행을 택한 것이다.

문준경과 같은 날 순교

이판일 장로의 순교는 평신도 지도자로 교회를 지키다가 순교한 몇 안 되는 사례 중 하나다. 그리고 이판일을 따르던 성도 35인 역시 순교의 각오로 무장된 성도들로서, 지도자와 뜻을 같이한 모범 사례다. 그들은 목숨을 걸고 이판일의 순교적 신앙을 따라 수요일 밤 예배를 드리다가 그날 밤 모두 연행되어 10월 5일 이른 새벽에 마을 앞 바닷가 갯벌로 끌려가 몽둥이와 죽창으로 모두 죽임을 당하고 갯벌에 버려졌다. 그리고 이판일 장로와 이판성 집사의 일가족은 3km나 떨어진 백산 솔밭으로 끌려가면서 다섯 살 난 어린아이의 손을 잡고 노모를 등에 업고 이판일이 입버릇처럼 바라던 순교의 길을 가게 된 것이다.[44] 그는 하늘의 소망을 품고 그 영광을 바라보며 당당하게 기쁨으로 순교의 길을 택한 특기할만한 신앙의 인물이다. 자기가 아끼고 사랑하는 가족들을 거느리고 나섰던 것이다.

같은 시각 공산주의자들은 외출했다가 돌아온 이판성 집사의 딸 이완순(8세)이 가족이 끌려가고 없음을 알고 통곡하며 울자, 그녀마저 죽여 갯벌에 던져 버렸다. 이판일 장로는 순교지에 도착하여 지도자답게 그들이 파 놓은 구덩이 앞에 이르러 주님께 기도했다. "이 어린 영혼들을 받아

주소서" 그때 공산주의자들은 "죽을 놈이 웬 기도냐?"라고 비난을 했다. 이 장로는 저들의 죄를 용서해 달라고 기도하면서 주님이 가신 길을 기쁨으로 맞이했다. 그는 문준경과 같은 날 새벽 순교 현장에 끌려가 그와 같은 모습으로 가족들의 영혼과 악을 행한 자들의 죄에 대해 용서를 빌며 영원한 나라로 떠났다. 작은 이해관계와 작은 희생도 초연하게 받아들이지 못하는 오늘의 현실에서 배울 만 한 신앙인의 모습이 아닐 수 없다. 이판일 장로의 신앙을 이어 받아 원수를 용서한 아들 이인재 목사, 그리고 이판일 장로의 손자인 이성현 목사, 이성관 목사(여주성결교회), 이성균 목사(임자진리교회), 손녀인 이성순(평동교회 전도사역임), 이성심 사모(강호빈 선교사), 이성진 사모(동해 동부교회 양경운 목사) 등은 이판일 장로의 순교 영성이 낳은 열매들이다.

값진 영성 유산

임자도의 순교 사건은 단순히 그 수가 많아서 조명해야 한다기보다는 평신도의 대표인 장로의 직분과 3대로 이어진 순교영성 때문에 더 자세하게 묻고 알아야할 가치가 있다. 그가 걸었던 순교의 길은 어머니를 등에 업고 다섯 살 난 어린아이의 손을 잡고 일가족과 사랑의 공동체인 성도들을 거느리고, 48명의 수장으로서 한 치의 흐트러짐도 없었다. 벧세메스의 법계 맨 어미 소와 같이 사명자의 정신으로 인간적인 정을 다 억제하고 치우침 없이 주님만을 바라보며 묵묵히 영광의 자리로 그들을 인도하는 당당한 신앙의 모습을 연상해보라! 죽음의 자리에서도 "어머니만은 무자비한 방법으로 죽이지 말라"고 외쳤고, 자신이 죽음에 이르렀을 때 가족과 어린 생명들을 위해 기도를 드리고, 자신과 가족들을 무자비하게 죽이는 포악한 자들에 대한 용서를 빌며 그는 영원한 영광과 안식의 나라로 가셨다. 흔들림 없는 자세와 죽음 앞에서도 타자(他者)를 위해 기도하는 그의 행동은 멘토 문준경의 영성을 닮았고, 섬김과 성도를 사랑하는 정신은 문준경의 섬김과 사랑의 자세와 같았다. 히브리서 11장 35~38절의 "성도들이 부활을 얻고자 하여 고문을 받되 구차히 풀려나기를 원하지 아니하였고 조롱, 시련도 받았으며, 죽임을 당하고, 환난과 학대를 받는 이런 사람은 세상이 감당하지 못한다."고 하신 말씀처럼 흉악무도한 공산 세력들이 이 아름다운 섬김의 정신과 주님만을 바라보는 일편단심 신앙의 지조를 꺾을 수 있었겠는가? 이들의 숭고한 신앙 정신은 진리를 믿는 우리들이 이어가야할 값진 영적 유산이 아닐 수 없다.

큰 인물 양석봉과 만남

　문준경 전도사의 멘토 장석초, 김응조, 이성봉은 한국 교계는 물론이고, 세계적인 큰 인물들로도 손색이 없을 정도였다. 또한 그의 수제자 이판일의 멘토 문준경, 양석봉, 김정순, 이봉성은 우리 교단뿐 아니라 초교단적으로 역사 속에 길이 남을 큰 공적을 세우신 분들이다. 오늘 살펴볼 양석봉은 한국 교계에 큰 업적을 남기신 분으로 한국 군종부의 창설 멤버로 4대 군종 참모이셨다. 그는 세계 최초로 경목제도를 도입했고, 한국교계와 어려운 시국의 대한민국을 위해 혁혁한 공을 세운 목사다. 당시 양석봉은 성결교단의 신화적인 인물이었다. 그는 당시 세계 어디에도 없는 경목제도로 혼란한 국내의 치안유지와 국민을 위해 헌신하는 경목위원회를 만들었다. 그 공로를 인정받아 1982년 10월 경찰의 날에 대통령 표창과 훈장을 받았다. 그리고 양석봉 목사는 오토바이를 타고 다니면서 나팔을 불고 북을 치며 복음을 전했다. 이때 정남수, 김익두, 이성봉 목사 등과 함께 장막전도를 펼치며 평양, 원산에서 신의주를 넘어 만주 용정의 국자가(局子街)에 이르기까지 전도를 했다고 전해진다.

양석봉의 유년 시절

양석봉은 1907년 4월 19일 충남 강경에서, 아버지 양순보와 어머니 박순희 여사의 2남 1녀 중 장남으로 태어나 1997년 2월 16일 주님 앞에 서기까지 죽도록 충성하는 하나님의 종이었다. 그는 유교, 불교 집안에서 태어나 봉건적인 유교사상의 영향을 받고 살았다. 조부 때는 머슴을 두고 살 정도로 가산이 넉넉했으나 개화 세상이 되면서 부친이 장사를 한다고 가산을 팔고 도시에 드나들다가 탕진하여 집안 형편이 어려워졌다. 그 후에 강경성결교회 쪽으로 이사하여 유치반에 들어가 교회를 다녔다.

당시 사람들은 일본 순사가 오면 무서워하였는데, 이를 보고 순사가 되겠다고 생각하여, 긴 칼을 차는 순사들에 관련된 책들을 보았다. 그러던 어느 날 김익두 목사의 집회에 가보니 많은 사람들이 설교를 들으며 손뼉 치고 아멘하고, 강요도 하지 않는데 자기가 가진 귀한 물건과 은반지, 금반지를 바치는 것을 보고 김익두 목사가 근사해 보였다고 한다. 가난했던 시절인지라 그런 모습을 보면서 자신도 목사가 되겠다고 땅을 치며 기도했다고 한다. 양석봉은 원래 긍정적이고 낙천적이며, 유머가 있는 시원스러운 사람으로 알려져 있다. 하나님이 그를 하나님의 일꾼으로 사용하시려고 이 모양 저 형태의 여러 가지 훈련을 시켜서 1931년 24세에 당시로서는 아주 귀한 직업이었던 은행 직원을 그만두고 문준경과 같은 해에 경성신학교에 입학한다. 문준경은 청강생으로, 양석봉은 수양생으로 입학하여 공부하다가 문준경은 수양생으로 인정받는다. 이후 두 사람이 정식으로 임자교회로(12월 경) 파송을 받고 학생의 신분으로 내려오게 된다.[45] 이때 임자도에는 이미 문 전도사가 1932년 후반기부터 김판임 씨를 비롯하여 성도들과 모임이 있었다.

양석봉의 전도활동

　양성봉은 북 그리고 그가 즐기는 트럼펫을 불어 사람들을 모여들게 하여 전도를 했다. 이를 통해 결신자들이 많이 생겨나면 그곳에 교회를 세우는 귀한 일을 감당했다. 이러한 전도의 열정으로 1931년 만주에서 전남 진도 섬에 이르기까지 10여 년간 전도하여 세운 교회는 30여 곳에 이른다. 그의 며느리 기록에 따르면 1934년 문준경 전도사와 함께 전남 신안군 임자도에 세운 임자교회도 양석봉 목사의 협력을 통한 열정적인 전도의 산물이었다.[46] 그는 1935년 경성성서학원을 졸업하고 그 당시 피폐해가는 삼례교회로 파송 받아 삼례교회를 크게 부흥 발전시킨 후, 또 다른 목회자에게 인계하고 다시 전주교회를 개척했다. 이후 평택교회, 백암교회, 서울 신수동교회에서 시무하셨다. 일제 말기, 탄압에 의해 교회는 폐쇄되고 잠시 수감되는 어려움을 겪었지만 그의 복음 전파 열기는 막을 수 없었다. 1935년 양석봉은 떠나고, 문준경은 2월에 후증도교회를 개척한 것으로 보인다.[47] (이봉성 목사 부흥성회(2월 24~27일) 때에 후증도교회 설립 20주년 행사에 이 목사가 예배를 드렸다)

큰 그릇 양석봉과의 만남

1907년 출생한 양석봉은 1897년에 출생한 이판일에 비해 10살이나 어렸다. 그러나 양석봉은 당시 흔히 만날 수 있는 지식인이 아니요, 인품도 특출한 사람이요, 큰 그릇이었다. 이판일은 이 분을 멘토로 만났다. 이판일이 만난 분들을 보면 한결같이 하나님께서 특별히 세우신 분들로, 임자도 오지에서 하나님의 계획하심이 없이는 그런 분들과 만남이 가능했다고 여겨지지 않을 정도다. 이판일이 만난 멘토들은 준비된 그릇들로 삶의 철학이 있고 가치관이 분명하고, 목표가 있는 분들로 한결같이 값진 꿈을 향해 가는 큰 일꾼들이었다. 현 시점에서 볼 때도 그들이 이룩한 업적과 그들의 삶을 통해서 나타난 열매들은 그냥 지나칠 수 없는 눈부신 업적들이다. 이분들의 삶의 자취는 앞으로도 기독교사에 길이 빛나는 일이될 것이다. 이판일의 멘토 문준경, 양석봉, 김정순, 이봉성과 치리 목사 이성봉에 이르기까지 기독교 역사 속에 찬연히 빛나는 거목들이다. 이런 지도자들과 한 시대에 살면서 도우며 동역한 이판일 역시 순교자 아벨과 같이 죽어서도 소리치는 역사적인 인물이 된 것이다. 이 귀한 역사의 대열에 양석봉과의 만남이 갖는 의미는 크다.

공헌할 인물

양석봉은 1990년 임자진리교회 창립 60주년 기념식에 자신을 초청하여, 설교를 듣고 교회성도들이 잃어버린 가족을 생각하여 특별 헌금하여 금반지를 해드린 일을 생애 중 가장 기뻤던 일로 기억했고, 이 반지를 죽을 때까지 빼놓지 않았다고 한다.[48] 1990년 당시에는 1934년 교회 건물 헌당 일을 임자교회 창립일로 보고 60주년 행사를 진행한 것으로 보인다. 그러나 사실 이 행사는 58주년 행사로 보아야 한다.[49] 양석봉 목사가 임자교회에서 떠난 해인 1935년 이후 얼마동안 임자교회는 목회자 없이 지내게 되었다고 기록되어 있기 때문이다.[50]

임자교회 부흥에는 양석봉의 전도와 헌신이 있었고, 이판일 장로의 물질적 헌신이 있었기에 문 전도사의 첫 임지인 임자교회가 급성장 할 수 있었다. 양석봉은 문준경과 같이 임자교회를 세우는 데 큰 공을 세운 인물이다. 문준경은 수양생으로 인정받아 학기를 마치고 1932년 12월 중순부터 1934년 하반기까지 양석봉의 도움을 받아 팀사역을 했다. 문 전도사는 개척자요 양석봉은 2대 목회자가 아닌 전도대로 파송된 협동 전도사였다고 볼 수 있다. 그리고 이판일은 교역자가 신학교 수업을 위해 상경하면서 한 당부 즉, 교회를 돌보라는 당부를 받고 선한 목자처럼 신자들을 돌보며 예배를 인도했다. 그는 설교를 할 줄 몰랐기 때문에 그저 함께 기도하고 찬송 부르고 성경을 읽었다. 정성을 다해 예배를 인도하며 신실하게 교회를 섬기며 공백기를 지켜 나갔다.

두 분이 1935년 떠난 후 임자교회 교역자에 대한 기록을 찾을 수 없으나 『활천』 1937년 5월에 쓴 문준경의 임자교회 부흥기 기사 기록이 있다. 그 후 1940년(소화15년)에는 이판일이 교회 대표로 기록되어 있다.[51] 이판일은 교역자 공백기에는 성도를 돌보며 교회를 지켰다. 이성봉 목사는 이판일 장로를 진충이라고 했으며 문준경 전도사도 생전에 이판일 장로를 보며 "하나님께서 반드시 이 사람을 통해 큰일을 계획하고 계실 것이다. 이 사람은 분명 후세에 길이 남을 사람이 될 것이다. 아마도 우리 기독교계에 큰 공헌을 할 인물이 될 것이 틀림없다"[52]고 했다. 하나님의 특별 계획 속에 택정된 일꾼으로서, 그를 통해 하나님의 이름을 높인 그의 순수 영성은 오늘 우리에게 큰 모델이 되었다. 오! 주님 우리를 통해서도 영광 받으소서. 아멘.

소작쟁의 김정순과 만남

　김정순은 1893년생으로 아들 김의석 목사의 증언에 의하면 청년시절에는 약한 자나 불의한 것을 보면 그냥 넘어가지 못하는 남다른 성품을 지니고, 공과사가 분명한 분이셨다고 한다. 당시의 사람들과 비교하면 키도 크셨고, 언변도 좋으셔서 억압당하는 자나 억울한 자를 보면 그들을 보호해 주시고 변호해 주었다고 한다. 사회생활에서도 공과사가 분명하여 암태 도창리 저수지를 시설하는 일과 관련하여 부지문제로 다툼이 있었으나 김 전도사가 앞장서서 해결하셨다고 한다. 또 대중들의 억울함을 앞장서서 맡아 해결하는 분이셨다. 소작쟁의 운동은 자기와 이해관계가 없는 일인데도 앞장섰던 분이다. 가정에서도 사리에 맞지 않은 일은 하지 않으시는 분으로 한 번은 어머니가 셋째인 김 전도사와 같이 살고 싶다고 하자, "그렇게 되면 형님을 불효자로 만드는 일이 되어서 안 됩니다."라고 하며 어머니를 설득시켜 형님이 어머니를 모시도록 설득하셨다고 한다. 그리고 자기의 손아래 동생 김좌선 씨가 당시 장로교회 전도사로 계시다 일찍 세상을 떠나게 되자 동생의 자녀 김생기 씨를 보살피고 교육시키고 증동리교회에 시무하실 때 정씨 가문의 정옥선 처자와 중매하여 결혼시켰다고 하였다.

　그 후 조카 김생기 씨는 일본 와세다 대학 상과를 졸업한 후 제약 업계에 투신하기 전, 1946년 상공부 회계과장을 시작으로 1949년 말까지 총무과장, 경리과장 등을 거쳐 대한교역공사(당시 상공부의 무역 대행기관)

도쿄 주재관을 지내다 이병철 회장이 삼성물산을 설립했을 당시 상무이사를 맡아 회사를 함께 키운 일화가 있다. 1978년 제15차 상공의 날에 대통령 공로상을 수상했으며, 도미니카 명예영사로 활동하면서 양국 간 수교와 친선을 도모하는 데 공헌했음을 인정받아 1971년 도미니카공화국으로부터 콜롬버스 메달을 수여받았다. 제18회 혁신의 날에 은탑산업훈장을, 제15회 보건의 날에 국민훈장모란장을 수훈하였다.[53] 이 모두가 김정순 전도사가 손아래 동생의 자녀들을 돌보아준 결과라 볼 수 있다.

복음을 받은 김정순

김정순은 자신이 하는 일에는 책임감이 강한 분이었고 다른 사람을 설득하는 힘이 있었다. 복음을 받아들인 열정적인 그는 신안군 내 초기 복음 전파에도 지대한 영향을 미치고 공로를 쌓았다. 기록은 없으나 아들의 증언의 의하면 많은 지역을 다니며 복음을 전파 했다. 이분이 복음을 받아들이게 된 동기는 정명여중 6대 교장 미국선교사(한국이름 명예다) 맥캘리(McCallie)가 개설한 여름성경학교에 입학한 것이다. 이때 박복영 씨와 김정순 씨가 같이 성경을 배우고 그곳에서 세례를 받았다. 이후 두 분은 암태도 자기 고향 마을을 중심으로 암태 전역과 팔금까지 전도하였고, 후에 범선을 타고 홍도, 과거도와 같은 깊은 섬까지 전도를 다녔다고 한다. 이렇게 사비를 들여가며 배를 타고 전도 여행을 했던 것은 영진제약사 사장 김생기 씨의 경제적 도움이 있었기 때문이라고 한다. 그 후 김정순 전도사는 증동리교회 설교자로 1939-40년에 문준경 전도사와 동역하였는데 그가 섬 영혼 구령에 지대한 관심이 있었다는 것을 도서가를 통해 확인할 수 있다.

그가 작시한 무안군 도서가(현, 신안군)

1. 산을 넘고 강을 건너 복음지고 가는 자야.
   무안군도 십일 면에 십만 여명 귀한 영혼
   이 복음을 못 들어서 죄악 중에 해매이네
   달려라 그 귀한 발걸음 전 하여라 그 귀한 복음을

   후렴
   압해, 임자, 지도, 자은, 암태, 안좌, 하의
   장산, 비금, 도초, 흑산도에 전하여라 그 복음을

2. 병들어도 치료기관 자손 위해 교육기관
   자동기차 통행기관 전신전화 통신기관
   한 가지도 없는 섬들 무엇보고 사는지요.
   달려라 그 귀한 발걸음 전하여라. 그 귀한복음을

   후렴
   증도, 고이, 병풍, 매화, 당사, 철하, 백이, 반월, 상태, 우의
   하태, 수치, 사치, 홍도, 과거도 까지도 전하여라. 그 복음을

이 도서가를 문준경 전도사가 즐겨 부르셨다고 한다.[54]

소작인을 위해 투쟁한 김정순

김정순은 암태 송곡 출신이다. 암태도는 당시 서남해안에서 가장 선진적인 섬으로, 1920년에 암태 사립학교가 세워졌고, 1923년 8월부터는 소작쟁의 투쟁이 일어난 곳이다. 암태도 소작쟁의는 일제강점기를 대표하는 소작쟁의로 1924년 8월까지 치열하게 전개되었다. 당시 암태도에 서태석의 주도로 '암태소작인회'가 결성되어, 약 1년에 걸쳐 암태도의 식민주의적 지주 문재철과 이를 비호하는 일제에 대항해 소작쟁의를 벌였다. 불합리한 소작료를 개선하고자 노력하는 상황이었다. 소작회 측에서는 7~8할 정도의 고율소작료를 4할로 내려줄 것을 요청하였으나, 지주 측에서는 이를 묵살하였다. 그에 따라 소작료 불납동맹이 전개되었고, 그 과정에서 소작회와 지주 측의 충돌이 발생하였다. 지주 측에서 폭압적인 방법을 동원하여 소작인들의 정당한 요구를 방해했음에도 불구하고 당시 경찰은 소작회 간부들을 검거, 수감하기에 이르렀다.

이에 암태 주민 400여 명이 배를 타고 목포로 건너가 경찰서와 재판소 앞에서 집단 항의를 펼치는 단결력을 보여주었고, 각계각층의 도움으로 암태도 소작쟁의가 사회문제화 되기 시작했다. 결국 일제 관헌이 개입하여 '소작료 4할 인하, 구속자 고소 취하' 등 내용이 담긴 약정서를 작성하여 소작쟁의가 마무리 되었다. 소작인들의 승리였다. 주민들의 단결력은 더욱 철석같아졌고, 항의는 더욱 뜨거워졌다. 암태도 소작쟁의는 서해안 섬들과 전국적으로 소작쟁의계기가 되었으며, 지주와 그를 비호하는 일제 관헌에 대항한 항일운동의 성격을 지닌 것이었다. 김정순 전도사는 불의를 보고 참지 못하는 분이셔서 소작농도 아니었으나 청년 간부로 들어가 지주 측이 보낸 건달들과 대립하게 되었다. 이 충돌로 인해 1925년 4월 청년간부 손학진, 박응언, 김세중, 김정순, 박금담, 이권익 등이 협박

공갈상해라는 죄명 하에 목포지청에 구속되어 징역 6월 내지 8월을 언도 받았다고 아들 김의석 목사가 증언했다.

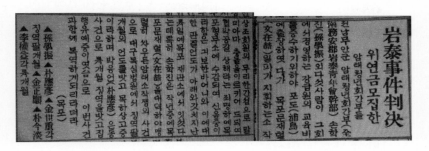

동아일보(김정순 6개월 복역 1925.4.29)

이판일과 김정순의 만남

이판일 장로와 멘토들과의 만남은 참으로 다양하다. 노래 잘하는 문준경, 전도 잘하는 양석봉, 소작쟁의 운동가 김정순, 우리 교단의 행정가 이봉성, 그리고 치리목사인 세계적인 대부흥사 이성봉 등 참 다양하다. 김정순 전도사의 올곧은 사상은 이판일 장로에게 큰 영향을 끼쳤을 것이다. 사리가 분명한 김정순 전도사는 불의함을 보고 그냥 넘어가지 못했다. 일본인들이 비호하는 땅 주인들에게도 항거하여 승리했던 그가 순순히 일본인들의 지시에 순응하고 따랐겠는가? 아마도 그런 담대한 담력에 이판일도 많은 영향을 받았으리라 생각해 볼 수 있다. 김정순 전도사는 처음부터 목회하려고 나선 분이 아니라 전도자로 활동했던 분이셨다. 그러나 아들의 증언에 따르면 그에게는 말씀을 잘 전하는 은사가 있었다고한다. 워낙 말씀을 잘해서 많은 곳에서 불러서 설교하러 다녔다. 그 당시 신안 지역의 장로교의 경우 1908년 비금 덕산교회와 1915년 흑산 예리

교회가 세워졌으며, 1920년대에는 박도삼 장로에 의해 여러 도서에 신앙이 전파되었다. 그리고 1926년 압해 제일성결교회가 세워지고, 같은 해에 압해 중앙성결교회가 세워졌다. 1932년 임자교회가 세워지고 1933년 암태도창교회가 세워졌으며, 1940년대 말부터 1950년대 초에는 문준경 전도사의 전도와 순교의 영향으로 급속도로 전도가 이뤄져 주변에 여러 교회가 세워진다.

헌신적인 삶을 본받아

일제강점기와 한국전쟁을 겪으면서도 신앙 지조를 지킨 우리의 선배들의 신앙의 자취를 보면서 우리는 그렇게 극한 상황에 처하면 과연 선배들과 같이 고난을 감내하면서까지 정의로운 삶을 지켜 갈 수 있을지, 그리고 과연 복음을 위해 생명을 조금도 귀한 것으로 여기지 않고 죽도록 충성하는 순교의 자리에까지 갈 수 있을까? 하는 의문이 든다. 그것은 희생의 용기나 결단이나 결심으로 되는 것이 아니고 성령님의 도우심이 있어야 가능하다고 생각한다. 신앙은 이론이 아니고 실제고 현실이다. 그 어려운 현실 앞에서 이판일 장로처럼 일사각오의 신앙이 없이는 순교의 길을 갈 수 없다. 어려운 현실을 뛰어 넘을 만한 큰 비전이 없이는 불가능하다고 본다. 이판일 장로의 멘토들도 보면 한결같이 일사각오와 백절불굴의 의지와 결단을 지닌 사람들이었다.

이 단원의 주인공 김정순 전도사 역시 그렇다. 어려움에 처한 이웃의 생존권을 위해 앞장서 대신 싸우다가 옥고를 치렀고, 1926년에는 암태 소작인회를 농민조합으로 개칭하는 데 앞장서고, 회장직을 맡아 농민회를 조직하였으며, 그 지역의 수리 시설에도 앞장서서 해결하는 용단을 보여 주었다. 그리고 경제적으로도 최악의 상황임에 불구하고 베풂의 삶을 살고자 사비를 들여 범선을 대여하여 복음을 전파하는 자비량 전도자였다. 섬사람의 영혼구령을 위해 도서가를 지어 부르며 거친 파도를 헤치며 생명을 걸고 흑산, 홍도, 가거도까지 복음을 전했던 그는 초기 신안군 내 섬 복음전파의 큰 공로자이셨다. 이런 헌신의 분이시기에 1941년도는 태평양전쟁이 일어난 가장 어려운 시점이지만 임자교회의 2대 정주전도사로 부임하셨던 것이다. 오늘 우리들의 모습은 어떤 것인지 한 번 돌이켜 볼 대목이다. 선배들의 헌신적 삶과 순결성을 배워가자.

교계의 스타 이봉성과의 만남

　사람이 같은 시공간에서 태어나 서로가 만날 수 있음은 하나님의 섭리
하심이다. 그러기에 옷깃만 스쳐가도 인연이란 말이 생겨났다. 생각해
보면 유구한 역사의 공간과 시간 속에 서로 만날 기회가 주어지지 않았다
면, 우리는 서로가 영원히 알 수도 없고 볼 수도 없었을 것이다. 그리고
어떤 영향도 끼칠 수 없는 유한한 존재들이다. 우리의 만남이 비록 악연
일지라도 거기에도 하나님의 뜻이 있고, 복된 만남에도 하나님의 허락하
신 뜻이 있다. 이봉성과 이판일의 만남에는 하나님께서 예정하신 크신 뜻
이 있었다. 이판일의 멘토들은 참으로 우리 기독교사에 큰 족적을 남기신
분들로 아무나 만날 수 없는 역사적 인물들이다. 그리고 자신도 그 스승
에 그 제자였다. 이봉성은 순교 자리로 가지는 않으셨으나 그가 있었기에
교단과 교계에 획기적인 발전이 있었다. 이렇게 요긴하고 귀한 그릇으로
쓰시려고 이판일, 이판성 형제를 만나게 하신 섭리가 있으셨다고 본다.

오늘의 시대상

　오늘의 현실은 어둡고 혼돈하여 반딧불도 빛으로 역할을 할 만큼 어둡
고, 또 제각기 반짝이는 색깔의 빛으로 현혹하고 현혹당하는 아주 혼탁하
고 혼란하다. 우리가 믿고 존경하는 큰 인물들까지 가십거리에 오르고 법

적 공방꺼리가 되는 사건이 비일비재(非一非再)하다. 이러한 예상 외의 일들로 교계가 세상에 큰 실망감을 안겨주고 진리 안에서 바르게 살기를 힘쓰는 성도들까지도 실망감을 느끼게 되어 신앙생활의 지표설정에 혼란을 주는 일이 발생하고 있다. 오늘의 시대는 무엇이 명예이고, 무엇이 사명이고, 무엇이 영광인지 진리의 본질이 차츰 희석되어 가고, 기독자들의 명확한 목표 가치 설정에 혼란스러운 영향을 주는 일들이 많다. 어둠 속에서 길 잃은 사람에게는 작은 불빛도 희망이요, 소망이듯이 영롱하게 빛을 발하는 밤하늘의 별은 길 잃은 자들에게 길을 찾게 하는 이정표가 된다. 우리 신앙의 멘토로 문준경, 양석봉, 이봉성, 이판일과 같은 명확한 삶을 살았던 이들의 모습은 후대인들에게 큰 별이요, 우리 신앙인에게 큰 스승들이다. 명확한 가치를 설정하고 목표를 달성하기 위해 굴절됨이 없이 살다 가신 큰 스승 문준경과 그가 길러낸, 교단 발전의 큰 공을 세운 이봉성, 70, 80년대 한국 교계연합과 초교단적으로 인정받은 진실한 일꾼 김준곤의 증언을 종합해보면, 이봉성은 당시의 스타였다.[55]

이봉성의 삶과 평가

큰 별은 하늘에 빛나고

바다건너
외딴섬
그곳의 삶은
전설(傳說)이 되어 가고

나라님계신
한양(漢陽) 소식은
국운(國運)이 기우는
조종(弔鐘)이 울릴 때

1970년
성결(聖潔)의 빛은
새로운 역사(歷史)의
여명(黎明)의 빛으로 밝아왔다

한 시대(時代)의 지도자(指導者)
하나님의
부르심을 받은
이봉성 목사님!

이 나라의
격변기(激變期)에는
고난(苦難)위 길을
군목(軍牧)으로
헤쳐 오시고

교단(敎團)과 교계(敎界)를 위한
크신 발걸음은
야망(野望)의 백년사(百年史)에
영원(永遠)히 남는

역사(歷史)가의
증인(證人)이 되겠나이다.

아!
바다에서 자라
마음이 그리 넓으셨나요?
이상이 그리 크셨나요?
요셉의 꿈을 이루신
목사님!

섬에서 뭍으로
뭍에서 서울로
세계(世界)의 선교(宣教)로
복음(福音)의 날개 달고
한없이 비상하던
야망(野望)의 큰 빛이여

목사님은
그렇게 한 시대(時代)를
살으셨습니다.

우리는 영웅(英雄)을 필요(必要)치 않는
시대(時代)에 살아도
위대(偉大)한 지도자(指導者)
모세는 후계자(後繼者)를 두었으나

목사님은
우리의 지도자(指導者)이십니다.

바울의
목회서신(牧會書信)은
이천년(二千年)이 지나도
살아 역사(役事)하는
힘이 있듯이

목사님의
바른 교훈(敎訓)은
(하나님 앞에서의 바른 삶)
이 시대(時代)의
등불이요
길잡이가 되오리다.
길잡이가 되오리다.

오늘도
큰 별은 하늘에 빛나고

시인 장정환이 본 이봉성 목사에 대한 시다. 이 시만 보아도 이봉성의
삶의 모습을 짐작할 수 있다. 그의 추모 일주기 때 펴낸 문집에 그를 추모
하는 많은 분들의 평가는 '한국교계의 스타, 큰 인물, 큰 그릇'이라는 찬사
와 존경을 담고 있다. 그 가운데 몇 분의 글을 소개하면 당시 한국기독교
총연합 회장이신 김기수 목사는 이봉성 목사를 '우주에 하나님의 뜻을 전

하는 방향타'의 역할을 하셨다고 하였다. 그리고 오늘의 혼란스러운 한국 교회에서는 이봉성 목사같은 분이 그립다고 했다. 당시 본 교단 장로 부회장 조남섭 장로는 이봉성은 역대에 찾아볼 수 없는 명 서기(8년)이며 명 총무(12년)라며 공적에 찬사를 아끼지 않았다. 또 총회본부 사무국장 임용희 장로는 이봉성 목사를 '지혜와 용기의 사명자'라 평가했고, 한국대학선교회 총재 김준곤 목사는 '80년대 한국의 교계를 화합의 장으로 이끈 대 스타'라고 평가 했다. 혹자는 제2의 '문준경이었다'는 등 많은 분들이 신뢰와 존경을 담아 그의 덕망을 평가하고 있다.[56]

이봉성의 『나의 신앙생활』

  이봉성이 집필한 『나의 신앙생활』에 보면 조실부모하고 완고한 유교 집안에서 형 밑에서 살았다. 많은 핍박을 받고 너무 힘들어 죽기로 작정하고 문을 걸어 잠그고 방에서 7일 동안 굶고 누웠는데 내 옆에서 누가 큰 음성으로 "봉성아"라고 부르면서 "아 이 나약한 사람아 죽을 결심 가지면 세상에서 못할 것이 있겠느냐?"하며 책망을 하여 "누구요"하고 보았으나 아무도 없었다. 다시 누워있는데 이번에는 반대편에서 또 같은 음성으로 책망하여 그때 바로 몸을 추스르고 일어나 밥도 먹고 형에게 자기 유산의 분깃도 다 포기하고 오직 예수 믿고 살겠다고 결심하고 핍박하는 형에게도 담대하게 이야기하였다. 이렇게 결단성이 있고 똑똑하고 야무진 그의 모습을 보고 문준경 전도사는 그를 주의 일꾼으로 세워야겠다고 마음먹었다. 그를 보필할 처자를 수소문하여 중매를 하여 결혼식을 올리게 하고, 그가 23세 되던 해에 지방회에서 시취를 받게 하고(1947년) 자신의 전임지인 임자교회로 파송하여 전도사로 교회를 전담하게 했다. 이때부터 이판일 장로와 이봉성은 임자교회를 섬기게 되었고, 3년째 되던 해에 가슴 아픈 한국전쟁의 참상을 겪게 된다.

이봉성의 살아난 이야기

문 전도사의 주선으로 이봉성은 일제강점기를 지나고 8.15 해방을 맞은 2년째 되던 해인 1947년 임자교회 전도사로 부임하고 그 이듬해인 1948년 신학교에 입학한다. 어려움 속에서도 이판일과 이판성 집사의 도움에 힘입어 학업을 마치고, 1950년 4월에 졸업을 한다. 졸업 후 본격적으로 목회에 전념하려고 했으나 한국전쟁으로 인해 8월 경부터 좌익세력들이 도서까지 들어와 교회건물을 압수하여 인민위원의 사무실로 사용하고, 9월 경에는 본격적으로 반동분자 색출에 나섰다. 놈들은 목포 정치부에 명단을 보고해야 한다면서 이봉성 전도사와 이판일 형제의 이름을 적어 갔다. 목포로 압송하려는 눈치를 챈 이판일 장로는 이 전도사를 보호해야 한다면서 이판성 집사에게 나룻배로 이봉성 전도사를 아무도 모르게, 밤을 틈타 고향에 모셔다 드리고 오라고 했다. 그리하여 그날 밤 이봉성 전도사를 고향에 모셔다 드리기 위해 새벽 3시까지 노를 저어서 이 전도사의 고향 땅 증동리까지 모셔다 드리고 이판성 집사는 다시 임자도로 돌아갔다고 이봉성은 그때 일을 기록으로 남겼다.[57]

9월 28일 수복을 전후하여 그들은 교역자들과 자기들의 눈에 거슬리는 자들을 모두 잡아 들였고 교역자들을 압송하여 정치보위부로 끌고 갔으나 이때 보위에 있던 자들은 전세가 바뀌고 있음을 알았던지 모두 도망치고 없었다. 문준경 전도사를 비롯하여 양도천, 이봉성도 잡혀갔으나 놈들이 달아난 때에 나와서 목포에서 은거하고 계시는 이성봉 목사를 찾아가 뵈었더니 "이럴 때일수록 지혜 있게 하라"고 당부의 말씀을 하셨다고 했다.[58] 이봉성은 정치보위부에서 빠져나와 목포에서 방황하다가 잘 아는 지방 좌익에게 잡혀서 구둣발에 차이고 많은 고난을 겪었다. 사태가 급박해지자 그들은 잡혀온 사람들을 놓아 주며 갈 데로 가라하여 이봉성은 부둣가 주변에 숨어 있다가 범선으로 증동리로 들어 왔으나 증도의 분위기가 너무 살벌하여 이공신, 양도천은 이공신의 아버지의 서고에 숨어서 살아났다고 했다.

스승의 영성을 이어 받아

이인재 목사의 증언에 의하면 한국전쟁 후 9월 초 임자도에서 고향으로 이봉성을 배로 실어다 주지 않았으면 죽었을 텐데 피신하여 구사일생(九死一生)으로 살게 되었다[59]고 하였다. 그럴 가능성이 크다고 본다. 왜냐하면 당시 임자도에서는 많은 희생자가 생겼다. 임자도에 가면 992명의 위령탑이 세워져 있는데 당시 임자도에서 불순 세력들에 의해 희생된 자들이다. 이봉성이 살아남을 수 있었던 것은 첫째는 하나님의 계획하심이 있었기에 살 수 있었고 다른 한편으로 보면 사람을 잘 만났기 때문이다. 이때 이판일 형제의 도움이 없었다면 임자도에서 잡혀 목포로 이송되기 전에 그들의 손아귀에 벗어나지 못하고 죽을 수도 있었다고 여겨진다. 그를 살려 주심은 살아남아서 다음 세대의 교단과 교계와 나라를 위해 해야 할 사명이 있었기 때문이고, 또한 이판일 형제들의 목숨을 건 도우심이 있었기에 가능한 일이었다. 그 후 기록에도 이판일은 임자도로 가면서도 이봉성 전도사에게 임자도에 들어오지 말 것을 신신당부(申申當付)했다고 이 목사는 증언 했다.

이봉성이 살아남을 수 있었던 것은 이판일 형제와 같이 자신들의 희생을 각오하고 주의 종은 살아서 주의 일을 해야 한다는 신실한 신앙의 형제들을 만났기 때문이었다. 사람이 누구를 만나느냐, 어떤 사람과 동행하느냐는 생사의 엇갈림과 관련된 문제가 될 수 있다. 더구나 위급 상황에는 더 그렇다. 나일강에 버려진 모세를 살린 공주가 있듯이 두 형제의 도움으로 이봉성이 살았기에 한국교계도, 성결교단도 복을 받았다. 그가 살아서 70, 80년대 한국 교계의 부흥에 크게 이바지하고 모든 사람의 사표(師表)[60]가 되었다. 이봉성은 순교자 문준경이 길러낸 지도자답게 부끄럽지 않은 모습으로 살았고, 이판일은 문준경이 가르친 제자답게 순교 영성을 이어 받아 영광스러운 자취를 남기는 삶을 살았다. 이 두 분의 만남에는 하나님의 특별 계획하심이 있었고, 오늘의 우리에게 아름다운 만남이 주는 축복을 알려주고 스승의 영성을 이어 받아 가장 값있는 삶과 죽음을 보여준 모범적 사례를 보여 주었다.

한국의 무디 이성봉과 만남

이판일이 신앙 초기부터 남다른 결단을 내릴 수 있는, 올곧고 사려 깊은 사람이라는 사실은 여러 정황을 살펴 연구하면서 알 수 있다. 사람은 혼자 스스로 성장하는 것이 아니라 사회적인 존재이므로 주변 상황에 큰 영향을 받을 수밖에 없다. 한 사람의 바른 성장 뒤에는 반드시 주변에 어떤 영향을 준 인물들이 숨어 있고 시대적 정황이 그럴 수밖에 없는 경우도 있을 수 있다. 이판일은 일찍이 아버지를 여의고 가정의 가장으로서 일제강점기에 가정을 지키기 위해 형으로, 오빠로 그 책임을 다해야 했고 또 홀어머니를 모시고 장자로서 책임감 있게 살 수밖에 없었을 것이다. 이런 바르고 책임감 있는 청년 이판일이 하나님의 섭리 속에서 그 시대에 바로 된 스승들을 만난 것 또한 축복이라 생각한다. 이판일은 담임전도사 문준경과(협동, 양석봉) 이봉성, 그리고 당시 치리목사인 한국의 무디라 불리는 이성봉을 만나는 행운을 받은 사람이었다.

한국의 무디와의 만남

『활천』 1934년 3월호에 보면 이성봉은 임자교회 치리목사임을 볼 수 있다. 그리고 임자도에 첫 교회를 건축하고 헌당식 주례를 맡아 헌당식을 주도한 목사였다. 그리고 치리목사 이전에 이성봉은 1931년 3월 25일에 목포교회(현 북교동교회)에 담임목사로 부임하였고, 이때는 목포교회가 많이 부흥이 된 때이었다. 당시에는 주변의 교회에 부흥회가 열리면 그 지역 교회들이 다 참석하여 은혜 받고 서로서로 협력하는 시대여서 임자교회의 이판일 장로도 이 목사의 집회에 자주 참석하여 큰 은혜를 받았으리라 생각된다. 성회에 참석했다면 큰 은혜는 물론이고, 그 인생의 삶의 지표가 확실히 달라졌을 것이다. 필자도 신학교 일학년(1965년 6, 7월경) 때 서울 독립문성결교회 성회에 참석하여 큰 은혜 받은 바가 있다.[61] 그분 특유의 제스처와 특별한 톤으로 "네가 아무리 잘났어도 해골바가지다."라고 하셨던 말씀이 내 마음에 깊은 인상을 남겼고, 지금도 잊히지 않는다. 그 외침은 지금도 내 귓전에 생생하다. 당시 당뇨가 심하셔서 자주 물을 마셨는데 물을 마실 때 마다 잊지 않고 성부와 성자와 성신의 이름으로 세 모금씩 마시던 그 모습은 아주 인상적이었다.

그렇게 힘드신 상황에서도 사랑에는 씁쓸한 사랑과 달콤한 사랑이 있다고 하시면서 자신이 씁쓸한 사랑을 받고 있다고 하시던 말씀이 지금도 잊히지 않고 있다. 안수하실 때 내 머리에 손을 얹은 순간 깜짝 놀랄 정도로 강한 전류가 흐르는 느낌을 체험 했다. 이성봉 목사의 타고난 풍채와, 성대는 그 시대의 복음을 위해 선택된 것이었다. 그렇게 영혼을 사랑하시고 복음 전파의 열정을 가진 분이 임자교회를 돌보며 치리목사로 관장하셨다는 것이 임자교회 성도들에게 영적으로 어떤 영향을 주었을지 짐작이 간다. 이분의 막내 사위 결혼 때도 주례자가 전도할 기회를 놓치지 않으려고 전도설교를 했다고 들었다. 이성봉 목사는 자나 깨나 앉으나 서나 시간과 장소를 가리지 않고 오직 심령 구원에만 몰두하였던 만큼 진정한 영혼을 사랑하는 부흥사였다. 회갑 날 어디를 가셨는지 행방이 묘연하여 찾았는데 대전 애경원(나병환자 수용소)에서 집회를 하고 계셨다는 사위 김동수 장로의 증언도 있다. 그는 주님의 부름 직전에도 '나는 오늘도 기도로 전국교회를 순방하다.'라는 기록을 수첩에 남기셨다고[62] 들었다. 이판일 장로는 이런 위대한 영성의 대가요, 복음의 열정을 가지신 한국의 대 부흥사를 임자교회의 치리목사로 모셨던 것이다.

구령과 섬김의 열정이 닮은 이판일

겸손하고 웃어른을 섬길 줄 아는 사람을 보면 가정교육이 잘된 사람, 또는 배운 사람이라고 하듯이 이판일 장로를 보고 배운 교역자들은 참으로 훌륭한 인성과 영성을 지닌 자들이었다. 이렇게 귀한 분들을 만나서 신앙의 지도를 받는다는 것은 그 시대의 특별한 축복이다. 이런 결사각오의 신앙정신을 가진 멘토들의 순교영성과 삶의 모습을 그대로 본받아서 말로가 아닌 삶의 본을 보여주셨다. 이판일은 신앙 초기부터 결단이 남달랐다. 과거 자신의 잘못된 삶을 예수를 영접하는 순간부터 바로 시정하는 결단을 보였다. 주초문제를 비롯하여 철저하게 주일을 지키는 등 신앙 초기부터 진보가 있었다. 당시 목포교회 이성봉 목사는 무안군(현, 신안군) 섬 마을 일대의 세워진 지 얼마 안 되는 교회들을 순회하며 그에게 세례를 베풀었다. 1934년 2월 2일 임자교회로서는 첫 번째 세례식이 거행되었다. 이때 이판일과 이판성, 그의 어머니 남구산(南丘山)여사도 같이 세례를 받았다.

그리고 그해 동생 이판성과 같이 집사 임명을 받는다. 그 후 그는 목포교회 제5대 김태일 목사를 모시고 집회 하는 중 자아가 깨지는 큰 은혜를 체험한다.[63] 이때부터 이판일은 동생과 같이 명실공히 임자교회의 상징적, 주동(主動)적인 대표 인물로 기록됨을 볼 수 있다.[64] 그는 신앙 초기부터 신앙인으로서 잘못된 습성은 확실하게 정리하고, 교회를 위해 영성을 갖춘 선두 주자로 모범적인 삶을 살게 된다. 담임목회자의 출타 중에는 설교와 성도를 돌보는 일 이외에도 이웃들과의 관계에서도 신뢰를 쌓았고, 어려운 이웃 돌보는 일을 하여 신앙인으로서 사회의 사표가 되었으며 그의 전도의 열정 역시 대단했다고 한다. 한 예로 맹인을 전도하기 위해 6개월 동안 주일마다 교회로 업어 오는 열정이 있었고, 또 가정적으로도 주일에는 식사 외에는 아무 일도 하지 못하게 하는 엄하게 가정교육을 시켰다. 홀로된 어머니를 위해서는 사회의 귀감이 될 만한 지극정성으로 효성을 다하여 마을 사람들에게 모범이 되었다. 그리고 교역자를 잘 돌보았던 일과, 교회 중심으로 살았던 이야기는 풍문으로도 들어본 바가 많다. 특히 그의 인품에 대한 이야기는 당시 담임전도사였던 이봉성 목사를 통해 들을 수 있었다. 필자는 이봉성 목사가 운영하던 목포 장학관에서 학교를 다녔고 그 당시에는 교회도 그가 시무하는 목포 상락동교회를 나갔다. 이판일 장로의 신앙의 모습들을 종합해보면 치리목사 이성봉 목사의 구령의 열정, 어려운 이웃을 보살피는 긍휼의 마음과 이성봉 목사의 영성이 투영된 것을 확인할 수 있다.

순교의 영성이 닮았다

이성봉 목사는 평소에도 바울 사도의 신앙처럼 '살아도 주를 위하고 죽어도 주를 위한다.'는 생사관을 보였고, 그는 영적 투쟁의 장수로서 주께 생사를 걸었다. 한국전쟁 때 목포 임성교회에서 인민군에게 잡혀서 조롱을 받을 때, "천국을 보았느냐?"는 질문에 "보았다"고 답했다. "어떻게 보았느냐?", "천국 본점은 못 보았어도 지점은 보았다.", "지점이 어디 있느냐?" "지점은 내 마음에 있다."고 해서 놈들이 박장대소를 했다는 기록을 볼 수 있다.[65] 이성봉 목사는 수복 후 각처의 무너진 교회를 재건하겠다는 일념으로 54-55년도에 임마누엘 특공대라는 이름으로 압해, 임자, 암태 등 신안 섬 일대를 돌아다니며 인천 상륙작전과 같은 영적 전투를 펼친다. 그의 성회 명칭은 모두가 전쟁술어들이다. 2월 14-16일 임자도 점령, 2월 17-18일 사옥도 결사전, 2월 24-27일 증동리 결전, 문준경 순교 기념 예배당인 병풍교회 2월 12-13일 성회의 명칭은 병고전이었다. 그 자신이 40도의 고열에 시달리며 죽음을 무릅쓰고 영적 투쟁을 벌이는 성회였다. 필자는 열한 살 때 고향 병풍교회에서 그를 뵈었다. 그밖에 교회들의 성회에도 전쟁 술어를 사용한다. 모든 것을 영적인 싸움의 상대로 여기던 그는 늘 깨어있는 전투상태였다.[66]

이성봉의 시각으로 본다면 우리는 이미 공중권세를 잡은 사탄에게 포로로 잡힌 상태가 아닐까 하는 생각이 든다. 그는 언젠가 성경을 왼손 겨드랑이에 끼고 오른손은 어깨를 들고, 손을 꼭 쥐고 물이 고인 웅덩이가 있는 길을 걸을 때에는 물이 있는 곳을 피하지 않고 밟으며 걸었다. 이때 한 성도가 "왜 목사님은 마른 길을 두고 물이 고인 곳으로 걸어가느냐"고 했더니 "내 손을 잡고 계신 예수님이 마른 길로 걸어가시게 하기 위해 빠지며 간다."고 했다는 이야기를 들었다. 더 말할 나위 없이 그의 신앙관은 '주의 일을 위해서는 말로 못하면 죽음으로 하겠다.'는 원칙하에 놓여 있었다. 이성봉 목사의 임마누엘 특공대가 임자교회를 점령하다. 그의 자서전의 기사를 그대로 옮겨 본다.

임자교회는 6.25 때 48명 순교자가 난 곳으로 특히 진충(盡忠) 이판일 장로의 13식구가 전몰하고 유족으로 독자 이인재 집사 단연 궐기하여 혈기 완력을 쓰지 않고 사랑의 원자탄으로 온 섬을 점령. 특히 자기 전답을 팔아 대기리에 성전을 건축하여 백여 명의 신도가 득구(得救)하고 진리의 성전 증수하고 부흥의 불길이 맹렬했다. 6.25 때 좌우편에서 천오백여명이 희생당한 무시무시한 악마의 야성의 아성이 이제 복음탄으로 무너졌다.[67]

이성봉은 이판일 장로를 진충(盡忠)으로 표현했다. 그리고 그의 아들 이인재를 사랑의 원자탄으로 삼아 악마의 아성을 사랑의 복음으로 무너뜨렸다고 표현한다. 이 두 분의 순교영성은 닮아있고 이성봉은 문준경과 이판일의 순교를 부러워했다.

순결한 영성

이판일 장로의 일가 13명의 순교영성에 대해서는 교단적으로 결코 소홀히 넘어갈 일이 아니다. 오히려 신학적으로 그의 삶의 모범적인 모습도 다시 조명하여 이 시대 성도의 모델로 제시해야 한다. 문준경과 이판일은 생사의 갈림길에서 평소 존경하는 이성봉을 찾아가 임자도에 들어가겠다고 말씀드렸다. 이때 이성봉 목사는 찾아온 두 분을 위해 기도해 주시고 가지 말라고 하나 그래도 교회를 생각하고 가야한다고 들어가서 종래 학살당하고 말았다[68]고 기록한다. 당시에 아들 이인재와 담임전도사 이봉성도 임자도에 들어가지 말 것을 간곡히 요청했음에도 이를 거부하고 들어가셨다. 그것은 분명한 자기 의지와 결단으로 하나님의 뜻에 순응하기 위해서였다. 그의 순교에는 하나님을 사랑하는 마음과 이웃 사랑하는 마음이 있었고, 성결인의 올곧은 신념이 자리하고 있었다.

자신의 신앙을 위협하는 일제와 공산주의자들에게 굴하지 않고 신앙의 지조를 보였다. 자신의 죽음이 기다리는 임자도에 스데반과 같이 영광스러운 순교자로 설 것을 다짐하며 일사각오의 정신으로 들어가신 것이다. 만약 그가 이러한 내세의 소망이 없었다면 가능한 일이겠는가? 영혼의 귀중성과 영혼을 사랑하는 마음이 없었다면 이 길에 들어설 수 있었겠는가? 죽음의 길을 오히려 큰 영광의 길로 여기며 스스로 걸어간 이판일의 그 열정은 죽음도 막을 수 없었다. 그와 같이 순결한 열정은 오늘날에는 찾아볼 수 없고, 오히려 변절되었다 할 것이다. 오늘날 한국교계와 성결교회에서는 이러한 열정을 찾아볼 수 없을 뿐 아니라 차갑지도 않고, 뜨겁지도 않은 상태에 도달하고 말았다. 이성봉과 이판일의 구령의 열정과 순교 영성은 오늘의 우리에게 절실히 요구된다. 특히 시대적 사명을 띤 성결교단은 이 시대를 향해 성결의 깃발을 드높여야 한다. 오늘의 한국교회는 힘을 잃고 비틀거리고 있기 때문에 성령을 통한 성결 회복의 운동과 순교 영성만이 한국교회를 다시 회복할 수 있는 유일한 해법이 되어줄 것이다. 우리는 이성봉의 구령열정과 이판일의 순결한 영성을 배우고 두 분의 영성을 이어 나아가자.

세 번째 걸음

이판일의
옛 기록

문준경이 쓴 임자도 부흥
『새 생명』 창간호(1954년)

문준경이 쓴 임자도 부흥

임자교회 집회를 기록하기 전에 본 교회의 상황을 잠깐 말하고자 한다. 임자도라는 곳은 목포에서 배를 타고 출발하여 5시간 가량 걸리는 섬이요, 서해 중의 도서이므로 교통도 많이 불편할 아니라 대단히 적적한 곳이다. 본인은 이곳 영혼들이 하나님의 말씀을 듣지 못하여 못 믿는 것을 생각할 때 마음이 아파 그대로 있을 수 없어서 이곳에 전도를 시작하게 되었다. 이곳 영혼들은 신령한 물(靈水)을 마시지 못하였고, 그 영은 대단히 굶주리고(饑) 목말라(渴)하는 처지에 놓여 있었다. 금번 목포에 계신 김태일 전도사를 청하여 지난 5월 12일부터 16일까지 집회를 하게 되었다. 그러나 한 삼일 동안을 외치되 성령의 불은 떨어지지 아니하였다. 이것을 보고 나는 간절히 하나님께 부르짖었다. 4일째 되는 새벽 미명부터 성령의 불은 떨어지게 되었다. 그리하여 모든 신자는 은혜의 소나기를 맞는 중 특별히 감사한 일이 있었다. 김소녀라는 부인은 믿는다고 하였으나 세상을 친구 삼고 지냈다. 그리하여 자기심령은 날마다 괴로운 것뿐이었다. 그러다가 금번에 은혜를 받지 아니하면 살 수 없다는 생각을 가지고 열심히 집회에 참석하는 중 남편을 통하여 역사가 일어났다. 그리하여 집회에 가는 것을 금지(禁止)하고 구타까지 하며 의심하던 모든 문제를 다

해결하게 되었다. 또 황천심이란 부인은 청춘과부로 세상의 괴로움을 다 겪고 있다가 금번 집회에 은혜를 받아 승리하는 삶을 살게 되었고 특별히 교회를 위하여 힘을 쓰는 이판일 집사는 천주교의 침을 맞아 의심하는 중에 있다가 금번 집회에 깨트러졌다. 이렇게 하나님은 우리 교회에 역사하여 날마다 교회는 성령의 불 가운데 지내고 있다. 모든(全) 조선(朝鮮)을 사랑하는 부모 형제 자매여, 특별히 섬(島嶼)에서 하나님의 말씀을 듣지 못하여 못 믿는 불쌍한 영혼들을 위하여 많은 도(禱)고(告)가 있기를 바라느니라. 아멘

임자도교회 부흥기 전문

『새 생명』 창간호(1954년)

이판일 장로와 가족 순교기

복음의 씨

남쪽 바다의 검은 물결이 넘실거리는 외로운 섬 한 모퉁이에 복음의 사자 문준경 여 전도사는 복음을 들고 이판일 씨의 문을 두드렸다. 하나님의 예정대로 복음의 씨는 비로소 떨어져 온가족을 비롯하여 아우 되는 이판성 씨 가족까지 전도되어 12년 동안을 꾸준히 교회를 섬기며 출석하였다. 그리하여 이판일 씨는 장로로, 이판성 씨는 집사로 교회를 전담하여 봉사하게 되었으니 이 두 분은 예루살렘 성전의 야긴과 보아스와 같이 섬 교회의 기둥이 되었고, 그의 양 가족 13명은 임자교회의 기초가 되었던 것이다. 그리하여 교회는 이 두 가정을 통하여 부흥되었고, 일반 사회 면민들에게까지 소금과 빛으로 나타나 두 사람을 모범적 신자로 칭찬이 자자하였던 것이다.

운명의 고개

이판일 장로의 장남 이인재(현재 그 교회의 전도사) 씨는 이미 목포에

분가하였다. 1947년 11월에 이 두 가족을 목포로 옮기려고 고향인 섬으로 돌아갔을 때였다. 신자들이 '부모와 고 이 장로 두 가족이 목포로 가시려면 우리교회까지 떠서 배에 싣고 가라'고 애걸복걸 만류함으로 개인 사정보다 교회 사정을 생각하여 호화도시 목포를 돌아보지 않고 다시 농촌의 신자들과 동고동락하기를 결심하였던 것이니 이 기회야말로 운명의 고개였다. 자기를 위하여 삶의 길을 택하지 않고, 교회와 주님을 위하여 죽음의 길을 스스로 택하였던 것이다.

마(魔)의 6.25

북한 괴뢰군은 홍수처럼 몰려들어 호남평야를 삽시간에 휩쓸고 그 여세를 몰아 섬으로 침투하기 시작하여 무인지경에서와 같이 파죽지세로 임자도에도 상륙하였다. 놈들은 피에 굶주린 맹수같이 삼킬 자를 찾았고, 정치보위부의 사나운 눈초리는 독사의 눈동자같이 빤짝인다. 놈들의 시선은 교회로, 여기서 또 다시 교회의 기둥이 되는 이판일 장로에게로, 총집중되었다. 그러나 이 장로는 교회를 빼앗긴 채 신자들을 모아 밀실 예배를 계속하였다. 이를 탐지한 놈들은 9월 24일 주일예배를 드리는 기회를 엿보아 이 장로 댁을 습격하여 이 장로 형제를 끌고 목포 내무서로 인도하였다. 그러나 무사히 석방되어 26일에 목포교회에서 맏아들 인재 씨를 반가이 만났고, 29일 귀가하려 할 때 인재 씨는 위험을 느껴 만류하였으나 가족과 교회가 궁금하여 피할 길은 있었으나 죽음을 각오하고 고향으로 돌아갔던 것이다.

승천의 날

악마같은 놈들의 검은 손은 두 번째 나타난다. 듣기만 해도 몸서리치는 아슬아슬한 장면이다. 때는 10월 4일 밤 2시, 악당들은 두 집을 포위하고 식구들을 모조리 불러 앞세운다. 무장공비들의 삼엄한 경계 아래 형장으로 끌려 나간다. 여기는 이 장로의 모친(78세)이 동행한다. 모친은 캄캄한 밤길을 걸을 기력이 없어 쓰러지고 넘어진다. 아들 이 장로, 이 집사는 어머니를 업고 끌려간다. 골고다의 언덕은 비로소 닥쳐왔다. 놈들은 야수같이 달려들어 12명의 가족을 무참하게도 창으로 찌르고 몽치로 때리고 돌로 무덤을 이루는 동안 이 장로는 가족들의 영혼을 하나님께 부탁하고, 악당들의 죄를 사하여 달라고 부르짖었다. 그 순간 공산당들은 "이놈아, 죽는 놈이 무슨 기도냐" 하면서 부르짖는 이 장로의 뒤통수를 몽둥이로 가격하는 순간 열두 명의 영혼들은 새벽과 함께 고요히 승천하였다. 임자교회 앞에는 48명의 순교기념탑인 종각이 서 있는데 이는 이판일 장로의 유산으로 세워졌다. 울리는 종소리는 이 장로의 기도의 호소같이 들려져서 임자도 영혼들을 깨우고 있다고 한다. 이판일 장로 맏아들 이인재 씨는 신학교에 재학 중이며 지금은 아버지를 계승하여 그 교회를 지키고 있다. 스데반 순교 후에 바울이 계승함 같이 이판일 장로는 스데반같이 죽었으나 그 아들은 바울같이 섬 영혼들을 구원할 것이다. 순교의 영령들이여 고이 잠드소서!

이판일 장로와 가족 순교기

一, 복음의 씨

...

二, 순명의 고개

...

— (19) —

三, 마(麻) 의 六, 二五

...

四, 승천의 날

...

— (20) —

순교자명
이판일
이판성
이신덕
이인덕
이순덕
이양덕
이완순

...

— (21) —

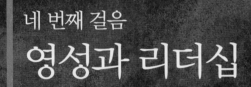

네 번째 걸음

영성과 리더십

고난을 감사로 승화시킨 이판일
평신도 대표 이판일의 영성
이판일장로의 리더십

고난을 감사로 승화시킨 이판일

이판일은 일제에게 국권을 상실한 암울한 시기에 젊은 시절을 보냈다. 한민족은 일본의 식민지가 되어 억압과 수탈로 신음하고 있었다. 임자에서도 역시 일제의 위협과 억압은 만만치 않았다. 일본 경찰에서 어느 날 통지서가 날아왔다. 이상한 예감이 든 이판일은 통지서를 뜯어보았다. 내용인즉, 앞으로는 교회에서 예배를 드리기 전에 동경(東京) 쪽을 바라보고 허리 굽혀 동방요배(東方遙拜)한 다음 예배를 드리라는 내용이었다. 특히 목포경찰서 고등계 형사들은 지역유지의 위치에 있으면서 일본제국에 대하여 불손하다는 이유로 이판일에게 악감정을 품고 있었다. 일본에 대하여 극도의 적대감을 갖고 있던 이판일의 행동이 그들의 눈에 거슬려 혼내주려고 벼르고 있었다. 형사 셋이 그의 행방을 수소문해보니 뜻밖에도 이판일은 주점에서 술상을 벌리고 있었다. 형사들은 거만한 이판일을 혼내줄 호기라 생각하고 주점으로 씩씩거리며 달려가 신경질적으로 벼락같이 호통을 쳤다. "당신이 이판일이요?", "예, 그렇소이다." 이판일의 대답에 형사주임이 날카롭게 힐난했다. "당신은 오늘이 어떤 날인지 알고 있소 모르고 있소?", "예, 주민집회가 있다는 것을 누구보다 잘 알고 있지요." 형사주임은 이판일의 능청스런 대답에 어이없다는 듯이 다그친다.

"그렇다면 고의적으로 불참했군, 게다가 집회에 참석해야 할 시간에 술집에서 술타령이나 하고 있으니 이는 대일본제국의시책에 불복하는 행동이고 천황의 신민임을 거부하고 우리 일본에 정면도전하는 행위로 보고 응분의 처벌을 하겠소." 이판일은 사태가 심상치 않게 꼬이는 것을 느꼈다. 집회를 열고 병약자나 거동이 불편한 이를 제외하고 남녀노소 모두 참석하라는 명령서를 받았던 상황에서 이판일이 보였던 투지와 지혜를 살펴볼까 한다.

투지를 발휘한 이판일

어느 날 마을의 일본 형사들의 위협적이고 강압적인 명령에 두려움을 느낀 주민 모두가 참석 했는데 유독 이판일은 시종 나타나지 않았다. 어느 누구를 막론하고 반일본적인 언행을 하거나 천황에 대한 모독을 행하는 자를 일본이 최악질로 대하기 때문에 긴장이 고조되었다. 이판일은 기지를 발휘하여 침착하게 응수했다. 일본 순사의 질문에 이판일은 "큰 오해올시다. 오늘 형사나리께서 오신다기에 회합이 끝난 후 약주나 한잔 대접하려는 생각으로 주점에 들러 안주 준비를 부탁하고 우선 술맛을 본다는 것이 그만…"이라고 얼버무렸다. 이어 할머니를 바라보고 눈을 찡긋하며 응원을 청한다. "할머니, 가만 계시지 말고 그렇다 안 그렇다 말씀 좀 하세요." 할머니 또한 다급한 상황을 직감한 터라 "예, 그 말씀이 옳습니다. 형사님 대접한다면서 안주와 술을 특별 주문했습니다." 이판일은 형사들의 노기가 서서히 가시는 것을 보며 그 틈새를 놓치지 않고 "모시러 가려던 참인데 일부러 오셨으니 참 잘되었습니다. 출출하실 텐데 어서 앉으세요. 아. 할머니 얼른 모시지 않고 뭘 하세요." 형사들은 못 이기는 체하고 이판일과 동석했다. 술이 몇 순배 돌면서 격의 없이 얘기를 주거니 받거니 하더니 이판일이 황당한 내기 하나를 제안한다. 형사 셋과 자기가 3대 1로 주량을 겨루자는 것이었다. 이미 술기운이 돈 형사들은 객기가 동하여 맞장구를 치며 한 술 더 떠서 지는 쪽이 그날의 술값 모두와 쌀 다섯 가마 값을 부담하자는 것이었다. 이판일은 무슨 조건이든 다 좋다며 주량겨루기에 들어갔고 오랜 시간이 지나 형사들은 모두 술에 골아 떨어졌다. 끝까지 버티고 있던 이판일은 비틀거리며 일어서더니 남아 있는 술을 형사들의 얼굴에 쏟아버린 다음 자리를 떴다. 당시 의식 있는 백성들은 침략자 일본에 대한 분노와 복수심으로 속이 끓어오르고 있는데, 이판일 또한 일본 형사들과 기 싸움에서 통쾌하게 승리를 거두었던 것이다.

기쁨으로 고난을 극복한 이판일

조선 교회의 지도자들이 하나둘씩 일본제국에 무릎을 꿇어 가면서 조선 기독교의 대다수의 지도자들은 진리를 사수하며 순결성을 지킬 힘도 없이 신앙의 지조마저 상실해 가고 있었다. 심지어 각 교단의 주자들이 이미 황국의 시녀로 전락해 가고 있었다. 오히려 이름 없는 무명의 용사들이 곳곳에서 주님만을 바라보며 고난 가운데서도 우상에게 굴복당하지 않고 피눈물을 흘리며 교회를 지켜가고 있는 자들이 많았는데, 남도의 외딴 섬 임자도에 세워진 작고 초라한 시골 교회 집사인 이판일도 그 중 한 명이었다. 그는 동방요배를 거부하고 황국신민서사 낭독 등을 하지 않았다는 죄명으로 임자 파출소를 거쳐 목포로 이송되었다. 그러나 그는 목포 경찰서에 잡혀가서도 두려워하지 않고 오히려 기뻐하고 감사했다. 감방에서도 "할렐루야"를 외치며 틈만 나면 손양원 목사가 옥중에서 지었다는

〈고대가(苦待歌)〉를 불렀다.

낮에나 밤에나 눈물 머금고
내 주님 오시기만 고대합니다.
가실 때 다시 오마 하신 예수님
오, 주여 언제나 오시렵니까?
고적하고 쓸쓸한 빈 들판에서
희미한 등불만 밝히어 놓고
오실 줄만 고대하고 기다리오니
오, 주여 언제나 오시렵니까?

그의 찬송소리에 일경들이 시끄럽다고 소리를 친다. 그러나 이판일은 말을 듣지 않았고 형사들은 치밀어 오르는 화를 참지 못하고 온갖 폭언과 욕설을 퍼부으며 이 집사에게 무자비한 구타와 고문을 가한다. 그것은 상상을 초월할 만큼 잔인하고 가혹했다. 가혹한 고문으로 얼굴이 피투성이가 되었음에도 그는 애걸하지 않고 싱글벙글 웃고 있었다. 그런 그의 모습에 형사들은 멈출 줄 모르는 분노를 느꼈으며, 더 악랄하게 이 집사를 괴롭혔다. 이때 문을 열고 들어온 형사부장이 이판일 집사를 보더니 형사들을 질책했다. "아니, 저 사람 저거 미친 거 아냐? 누가 이렇게 미칠 때까지 고문을 한 거야?", "죄송합니다. 미친것 같지는 않은데 너무나 악질적인 놈이라서" 형사부장은 "저런 미친놈을 데리고 뭘 하겠다는 건가? 즉시 내보내도록 해" 이판일 집사는 이처럼 어이없이 석방되었다. 목포 경찰서를 나설 때 이 집사는 온몸이 피투성이가 되어 있었고 이런 아버지를 부축하는 아들은 비통한 눈물을 흘렸다. 잠시 뒤 마음을 진정시킨 아들이 아버지에게 물었다. "아버지, 어떻게 이렇게 빨리 나오시게 되셨습니까?", "취조하는 형사가 아무리 나를 때려도 하나도 아프지 않더구나! 나 같은 사람이 예수님 때문에 고난받는다 생각하니 너무 기쁘고 영광스러워 나도 모르게 좋아서 웃었다가 미친놈이라고 내보내 주더라"

하나님께서 택하신 그릇

1937년 중일전쟁과 1941년 태평양전쟁을 일으킨 일제는 조선에 대한 침탈과 억압을 더욱 강화하였다. 아예 조선 사람들을 일본 사람으로 개조시키기 위한 전략을 수립했는데, 이것이 바로 황국신민화 정책이다. 이에 따라 일본 천황이 사는 황궁을 향해 절하게 하고, 천황에 충성을 맹세하게 하고 황국신민서사 암송과 일본식 이름으로 바꾸는 창씨개명과 우리말 대신 일본어를 쓰도록 강요하는 야만적 행위를 서슴지 않았다. 1936년 5월 25일에 로마 교황청은 "신사참배는 종교적 행사가 아니고 애국적 행사이므로 그 참배를 허용한다."고 발표했다. 이런 상황에서 신앙인들은 우왕좌왕하게 된다. 일제에 무릎 꿇고 순응하느냐 그렇지 않느냐하는 문제는 생사를 가르는 문제였다. 이때 신앙의 순결을 지키기 위해 신사참배를 거부한 주기철 목사는 1938년부터 1944년까지 4차례에 걸쳐 7년간 옥고를 치르다가 순교했다. 그리고 1990년대 말까지 목사직을 박탈당하여 이름을 부르지 못하고 있다가 해방된 지 50년이 넘어서야 목사직을 반환받았다.

성결교단 박봉진 목사도 모진 고문을 받고 1943년 8월 15일 55세의 나이로 순교를 당했다. 그러나 대부분의 목회자들이 신사참배라는 광풍 앞에 맥없이 무너져 갔다. 1936년 6월에 개최된 제3차 연회에서 조선감리교회 총리사 양주삼 목사는 신사참배를 선언한다. 1938년 9월 10일

조선예수교장로회 제27회 총회에서 신사참배 결의안이 만장일치로 통과된다. 1938년 12월 12일에는 홍택기, 김길창, 양주삼, 김종우, 이명직 목사 등이 개신교를 대표해서 일본을 직접 방문해 이세신궁과 가시하라 신궁 등에 참배를 했다. 한국교계의 큰 인물 한경직 목사도 1992년 6월 18일 여의도 63빌딩에서 템 풀턴상 수상 축하식의 인사말에서 "나는 죄인임을 고백합니다. 나는 신사참배를 했습니다."라는 고백을 했다. 당시의 일제의 횡포를 짐작하게 한다. 이러한 흐름 속에서 성결교회가 국민정신총동원조선연맹에 참가하기로 결정한 것은 1939년 9월 제2회 연회에서였다. 그 후 1940년 10월 국민정신총동원조선연맹이 국민총력조선연맹으로 개편되자, 성결교회도 10월 22일 임시연회에서 국민총력 성결교회연맹으로 개편하고 이명직 목사를 이사장으로 선임했다.[69]

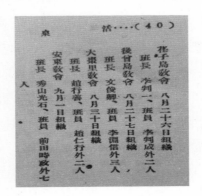

이때 이판일 집사는 총회 연맹회로 부터 임자교회 반장으로 임명을 받았으나 이런 분위기에서도 참배에 편승하지 않고 순교적 영성을 지킨 사실은 참으로 자랑스러운 일이다. 그는 참으로 하나님의 택한 그릇이었다. 우상을 숭배하지 않고 투지를 갖고 순교의 영성으로 신앙의 지조를 지킨 이판일은 스데반의 반열을 사모하였다. 그러나 우리 교단은 재림사상으로 결국 일제의 탄압에 못 이겨 1943년 12월에 해산을 당하게 된다.

평신도 대표 이판일의 영성

　이판일은 복음을 위해 목숨까지 아낌없이 버린 평신도 지도자로 우리는 그의 영성을 신학적으로 연구하고 그 영성을 이어 받아야할 후대들에게 바로 정리하여 제시해야 한다. 총회 차원에서도 이분의 영성을 발굴하여 멘토 문준경 사업을 이어서 진행해 나아갈 때이다. 순교기념관이 운영되는 이 시점에 운영에 대해서도 힘써야하겠지만 거기에 못지 않게 영성 발굴에도 큰 힘을 쏟아야 한다. 당시 오지였던 증동리 문준경 순교기념관은 타 교단에서도 관심을 갖고 찾아온다. 문준경 순교기념관은 성도들에게 순교영성을 교육하는 장소로 활용되고 있고, 우리교단의 큰 보람이요 자부심이다. 이 호기회를 활용하기 위해서는 운영도 중요하나 더 중요한 것은 순교자들의 영성을 신학적으로 잘 정리해 나아가는 일일 것이다. 이 중심적인 가치가 훼손 된다면 무슨 의미가 있겠는가?

　필자는 일찍부터 우리 교단의 영적 자산인 이판일 장로의 영성도 개발해야 한다고 생각해왔다. 그는 평신도로서 지도자를 섬기는 영성과 또 자신과 같이했던 성도를 위해 죽음의 길도 마다하지 않은 인물이었다. 그분의 지도력을 믿고 순종한 성도들의 그 순수한 신앙의 모습도 조명해 가야 한다. 오늘의 현실은 작고 미미한 것, 사람의 눈에 띄지 않는 것은 눈여겨보지 않은 때다. 그러나 주님의 시선은 항상 그곳에 쏠려 있다. 나는 이판일 장로를 연구하면서 그 분의 충성심, 그분의 생명을 사랑함, 주의 종을 섬기는 마음, 하나님을 경외하는 마음으로 부모를 공경하는 진정한 효심, 이 모두를 오늘날의 시점에서 찾아볼 수 없는 참신함이라 느꼈고, 그에 매료되어 이판일 장로에 대해 연구하면서 내 모습을 비추어 보며 부끄러움을 느낀다. 당시 이분의 순교사건은 고도(孤島)에서 오직 예수님만 따라가는 오염되지 않은 십자가의 군병으로 대원을 이끈 장수 격이다. 우리는 그의 순수하고 숭고한 영성의 자양분을 세속화 되어가는 이때 본받고 배워야한다. 그의 일생을 살펴보면 일상에서도 괴리되지 않은 모범적이고 실제적인 순교 영성의 삶을 살았음을 본다. 그는 진정 "밭에 묻힌 보화"를 발견한 자였다.

그리스도의 영성 이해

'영성'이란 단어는 성경에는 없다. "그리스도교 영성을 연구함에 있어서는 예수님 말씀과 행적과 그 기록을 담은 성경에서 찾아야한다." 영성(Spirituality)이란 영(Spirit)과 본성(nature)이 결합된 용어이다. 하나님의 영성은 본질적 영성이며(요4:24), 하나님의 자녀 된 성도의 영성은 삼위일체 하나님으로부터 오는 전달적 영성이다(고전2:12). 하나님의 영성은 독립적, 절대적 영성인 반면에 인간의 영성은 의존적, 상대적 영성이다. 고린도전서 2:14에 "육에 속한 사람은 하나님의 성령의 일을 받지 아니하나니 저희에게는 미련하게 보임이요 또 깨닫지도 못하나니 이런 일을 영적으로라야 분별되기 때문이라"에서 '영적'(靈的, Spiritual)이라는 단어가 나온다. 여기에 영적이란? 성령을 말한다. 그렇기에 그리스도의 영성을 일반적인 개념으로 정의하는 것은 옳지 않다. 타 종교에서 사용하는 영성과 우리가 말하는 영성의 본질 및 의미가 다르기 때문이다.

그리스도교의 영성(靈性, spirituality)은 "인간적 방법이나 금욕적 수양을 통해 도를 닦아서 되는 것도 아니고 '기'를 받거나 어떤 능력을 소유

한다."는 말과는 전혀 다른 하나님께로부터 온 영(새 생명)이다.(고전 2:12) 그렇기에 기독교의 영성은 타 종교와 대화나 이해로 풀어 낼 수 있는 부분이 아니다. 이 새 생명은 예수 안에서 하나님의 주권적 역사다. 그리고 이 생명을 받은 그리스도인은 일상 속에서 그분의 뜻을 따라 날마다 기도하고 말씀을 연구하고 성령 안에서 행하는 일과 전도하고, 이웃을 돌보며 섬기는 일과 크고 작은 모든 일을 기도로 하나님께 아뢰고, 몸과 마음을 다해 하나님의 뜻을 따라 살아야 한다. 이 삶은 그리스도인은 누구나 해당된다.(딤전 4:7-8, 딤후 3:12, 빌 4:8, 딛 2:12) 그리스도인은 자기 의지와 방법대로 사는 것이 아니라 바울처럼 자기의 삶 속에 그리스도를 닮아 그리스도의 영성을 날마다 체화시켜가며 주님 앞에 서는 날까지 그리스도를 따라 섬김의 영성으로 살아가야 한다.

이판일의 순교영성

초대교회에서 그리스도께 속한 사람들을 그리스도인이라 칭했다. 복음을 믿고 삶이 변화된 사람들에게 붙여진 이름이다. 이판일은 예수님의 십자가 정신을 이은 참 그리스도인이었다. 그는 성령의 역사로 철저하게 자신을 비운 자였다. 그리스도인의 영성이 그 인격 속에 형성된 자로 예수의 영성을 따라 살았다. 그는 그리스도의 영성으로 이웃을 신, 불신(信, 不信) 간에 돌보며 살았다. 그리고 그의 삶속에 예수님의 섬김의 영성을 생활화했다. 그리고 그의 삶속에 서 성령이 충만한 초대교회 공동체에서 보았던 사랑의 영성이 나타났다. 자신의 생명을 위협하는 어려운 환경 속에서도 두려워하지 않았고, 진리를 거스르며 핍박하는 자들 앞에서도 비굴하지 않았다. 죽음의 공포 속에서도 낙담하지 않고 복음의 능력을 나타내는 영성의 소유자였다. 그가 삶의 문제를 해결하는 방법은 오직 주님께 모든 것을 맡기고 그분을 신뢰함으로 써 그 답을 찾는 것이었다. 바울이 빌립보서 1:21에 "내가 사는 것이 그리스도니 죽는 것도 유익함이라"고 백했던 것처럼 이판일은 철저하게 자신의 마음을 비우고 그리스도의 뜻을 따라 살았다. 이판일은 철저하게 예수를 중심으로 살았다.

우리의 삶을 한 번 돌아보자. 우리가 살고 있는 21세기야말로 세속화 중의 세속화시대요, 미래를 예견하기 어려울 정도로 초고속 정보화가 이루어지면서 인간의 인성도 무섭게 변해가고 있는 시대이다. 그리고 그리스도의 영성은 교회에서도 메말라간다. 이때 우리는 정신 차리고 근신해야 한다. 바울은 일생을 자신과 영적 싸움을 했다. "나는 날마다 죽노라. 다 버리노라. 해로 여기노라. 분토와 같이 여기노라. 살아도 주를 위하고 죽어도 주를 위해 죽겠다."는 결단의 삶으로 한 평생을 살았다. 그리고 바울은 엡 6:10-17에 무장한 군사 같이 살 것을 권장한다.

기독자는 날마다 대장 예수를 앞세우고 싸운다. 이 영적 싸움은 혈과 육의 싸움이 아니다. 첫째 자신과의 싸움이고 둘째는 세상과의 싸움이고 셋째는 공중권세를 잡은 영들과의 싸움이다. 이 중에 제일 큰 싸움은 자신과의 싸움이다. 예수님께서 내가 세상을 이기었노라 너희도 나와 같이 이기라 하셨다.(요 16:33) 이 말씀을 분부하신 예수님께서는 하나님의 뜻에 철저하게 맡기고 순종과 죽음으로 복종함으로써 승리하셨다. 우리도 예수님의 말씀을 따라 철저하게 복종할 때만 이 영적 싸움에서 승리할 수 있다. 죽기를 각오하고 주님을 따르는 삶이 순교영성의 길이다. 이런 각오로 십자가를 진 자가 그리스도의 공동체를 살리고 이 세계를 거룩한 하나님의 세계로 이루어 가는 참된 인도자라 할 수 있다. 이 십자가를 끝까지 지고 승리한 자가 순교자 이판일이다. 이 귀한 신앙의 멘토는 성도들 모두의 자랑이요 축복이다. 이 귀한 멘토를 오늘의 성도들에게 허락하심은 우리 교단이 순결함을 지켜 나아가기를 기대하시는 하나님의 뜻이 있기 때문이다. 밤이 어두울수록 별빛이 더욱 영롱한 빛을 발하듯 우리교단의 면면이 이어온 성결한 순교영성을 다시금 일으킬 수 있는 절호의 기회를 허락하신 것이다. 그리고 평신도들의 순결성을 위해 이판일의 장로를 세워 주신 것이다. 이 영성운동으로 세속화의 물결을 방파(防波)하여 가고 참된 영성을 바라는 그리스도인들에게 영성회복의 길라잡이의 역할을 감당하는 기회를 주신 것이다.

자랑스러운 평신도 지도자

영적 성장(Spiritual Growth)의 최종 목표는 "성결한 삶"(Sanctified life)이다. 새 생명은위로부터 주어지는 은혜요 은총이다. 육신의 생명은 자기의사와 상관없이 부모에게서 부여받듯이 영적 생명도 "영접하는 자 곧 그 이름을 믿는 자들에게는 하나님의 자녀가 되는 권세를 주셨으니 이는 혈통으로나 육정으로나 사람의 뜻으로 나지 아니하고 오직 하나님께 로서 난자들이니라."(요1:12)의 말씀처럼 예수를 믿으면 얻게 된다. 하나님께 로 난 자, 거듭난 자의 구원 출발점(Initial Salvation)은 오직 믿음이다. 중생한 후에는 어린 아이가 성장해 가듯이 영적으로(고전13:11, 히5:13) 더 성숙해가는 "점진적인 성화"(Gradual Sanctification) 단계로 지향해가다가 성령의 충만한 역사로 두 번째 은혜(Second Grace)를 받아 온전한 '성화'(Entire Sanctification) '성결'의 단계에 이르게 되는데 이 상태를 "온전한 사랑"(Perfect Love)의 경지에 이른 단계라 말한다.

이처럼 우리의 영성은 신앙의 성장과 비례하며 온전한 성결한 상태를 지속적으로 유지해 가다가 예수 그리스도 재림의 날에 영화의 몸을 입고

궁극적인 구원(Final Salvation)을 받게 되는 것이다. 웨슬리는 성결이란 순수한 사랑이라 했다. 그리스도의 완전은 겸손한 사랑이다. 바로 이 판일은 성령 충만함으로 '온전한 사랑'(Perfect Love)의 영성을 지닌 자로 그의 멘토 문준경 전도사와 같이 그리스도의 사랑의 영을 동인(動因:motive)으로 삼은 자다. 또 그는 교회에서 영혼을 사랑함이 남달라 교인을 업어서라도 교회로 인도하는 열정의 사람이 된 것이다. 이렇게 된 데는 성령의 불이 그 마음에 붙었기 때문이다.

문준경이 기고한 임자교회 부흥기를 보면 이판일은 집사시절 목포교회 전태일 전도사를 강사로 모시고 5월 12일부터 16일까지 집회하는 중 4일째 되는 날에 이판일 집사가 깨뜨려졌다고 기록하고 있다.[70] 이판일의 새 삶의 역사는 자신이 철저히 깨진 순간부터 시작되었고, 이는 순교의 역사의 현장으로 나아가는 시발점이었다. 이판일 장로를 순교의 순간까지 일관성 있게 나아가게 했던 동력이 성령의 인도셨고, 순교영성을 발휘할 수 있는 용기를 가질 수 있는 동력은 성령께서 힘 주셨기 때문에 가능한 일이었다. 그리고 그는 벧전1:15에 "오직 너희를 부르신 거룩한 이처럼 너희도 모든 행실에서 거룩한 자가 되라"는 말씀을 따라 "모든 행실에서 거룩한 자"의 삶을 순교의 자리에까지 일관성 있게 따랐던 모범적인 그리스도인이셨다.

오리겐(Origen, 185-254)은 "순교야 로 영성발달의 최고봉"라고 했듯이 우리는 이판일은 일상에서부터 순교하는 순간까지 순전하고 순수한 신앙으로 가족을 이끌고 3대가 천성만을 바라보고 당당하게 걸어간 그 모습 속에서 순수 그리스도인의 영성발달의 극치를 볼 수 있다. 생명을 바쳐 인류에게 구원을 베푸신 그리스도의 영성을 닮은 이판일의 고결한 순교영성은 그의 아들 이인재 목사의 사랑과 용서의 모습에서 그 본질을 찾아 볼 수 있다. 우리교단의 자랑스러운 평신도 지도자 이판일의 영성을 닮아 가자.

이판일 장로의 리더십

이 시대의 성직자나 성도들 중 정의로운 삶을 살고자하는 의지를 가진 자들은 많은 것 같으나 막상 삶의 현장에서 이해관계에 부딪히면 확고한 신념을 가지고 자기를 끝까지 지켜 나가는 자는 많지 않다. 그 분위기에 휩싸여 중심을 잃고 인간성이 드러나는 경우가 다반사다. 본인 자신도 '내가 왜 이럴까, 이래서는 안 되는데'하고 자신의 나약함을 알면서도 스스로 자제(self-control)를 못하는 일이 허다하다. 수년을 신앙하고 지도자 위치에 있어도 이 인간성을 고치는 것은 그리 쉽지 않다. 사사로운 이해관계에서 벗어나지 못하고서야 어떻게 성숙한 지도자가 되기를 바랄 수 있겠는가? 그리고 이 인간성을 어떻게 무슨 방법으로 고칠 수 있단 말인가? 완전한 인간은 없지만 기질적으로 강직한 사람은 이해관계나 분위기에 쉽게 휩싸이지 않을 수 있다. 그러나 이런 의지는 신앙과는 별개라고 본다. 자기의 인격을 지키는 일은 할 수 있으나 본질적인 변화를 통해 얻어진 신념의 의지와는 다르기에 자기의 결심만으로 되지 않는 일이 많다. 자기 의지로 되지 않는 이런 문제를 놓고 많은 사람들이 고민을 하게 된다. 인간이면 너나 우리 모두가 부딪치는 고민일 뿐 아니라 인간성으로 하는 일은 후회스러움을 낳게 하는 경우가 많다.

사도 바울도 로마서 7:24에 "오호라 나는 곤고한 사람이로다. 누가 이 사망의 몸에서 나를 건져내랴!" 요한복음 3장 6절에 "육으로 난 것은 육이요 영으로 난 것은 영이니" 육의 생각으로는 하나님의 의를 이룰 수 없다고 했다. 필자는 순교 영성을 지닌 이판일이 우직스러울 만큼 신앙의 지조를 지킨 것을 보고서 오늘의 우리도 그렇게 철저하게 진리를 위해 죽을 수 있을까 스스로에게 자문해 보았다. 당시에는 오직 예수주의 신앙이었으나 지금의 신학은 나도 모르게 상대주의, 다원주의 영향 하에서 오직 예수 신앙의 정신이 약화되어 가고 있다. 특히 포스트모던 시대에 사는 오늘의 성도들의 진리관이 바로 세워지지 않아서 진리를 수호해 간다는 것이 참으로 어려운 일이다. 이 시대는 흐르는 물 가운데 서 있는 사람처럼 혼란한 시대여서 꼭 이것이 옳고 꼭 이것만이 참 진리라는 오직의 원칙이 깨져 가는 시점이어서 종교도 사상도 너도 나도 모두 자기들이 주장하는 주장이 옳다고 목청을 높인다. 원칙은 무너져가고 있는 이때 바른 신앙을 수호하려면 성서의 진리의 말씀을 바로알고 자아가 성령의 체험을 통해 깨어져야 한다. 카리스마적인 지도력이 필요한 때 온 성도를 일사불란하게 이끈 이판일의 지도력을 살펴보고자한다.

갱신되어야 할 때

신앙자의 문제는 곧 자아의 문제라 할 수 있다. 자아가 변화되지 못하면 세상도 나 자신도 이길 수 없다. 바른 신앙으로 주님의 뒤를 따르려면 자기성찰을 통해 성서로 돌아가 변화를 받고 갱신의 길을 찾아야한다. 성도는 성도로서, 목회자는 목회자로서 어디에서 문제가 있는지 문제점을 점검해 보고 갱신되어야 한다. 2000여 년 전 요한복음 2장 19절에 "예수께서 유대종교지도자들에게 예루살렘성전을 가리키며 이 성전을 헐면 내가 3일 만에 다시 세우리라."고 말씀하셨다. 유대종교 지도자들은 자신 안에 "비 진리"로 잘못 이해하고 있는 성전의 관념을 헐고, 예수님의 생명의 말씀으로 다시 영적 성전을 마음에 건축해야 살 수 있다는 말씀이다. 우리도 잘못된 신학 관념과 인간성을 헐어야한다. 오늘날 기독자들도 물질문명에 파묻혀 전후좌우가 구별되지 않고 좋은 것이 좋은 것이라는 식의 신앙인으로 변절되어 가고 있다. 오늘날 교회의 가시적인 성장은 화려하나 사회에는 큰 영향을 끼치지 못하고 있고, 사회는 날로 암울해져 가고 성도의 역할은 갈수록 미미해져만 가고 있다. 그리고 갈수록 이기주의가 팽배하여 사욕에 눈이 멀어 부모 형제 자녀까지도 돌아볼 여유를 잃어가고 자녀도 죽이는 매정한 사람이 나타나고 있다. 오늘날 사회는 욕망에 늪에 든 것이다.

예수님은 "죽고자하면 살고 살고자하면 죽는다."는 인생의 참 삶의 방법을 가르치셨다. 이 말씀은 우리 육신속의 욕망의 "자아"가 죽어야 만 살 수 있다는 역리적인 진리를 뜻한다. 욕망의 굴레를 벗어나지 못한 귀에는 들리지 않는 진리의 말씀이다. 그래서 진리는 귀 있는 자만이 들으라 하셨다. 육이 죽어야 영성이 살아나고 영원한 생명도 살아날 수 있다. 성도들의 잘못된 육성이 예수와 함께 죽고 예수와 함께 다시 성령으로 영성이 살아나야 영원히 살게 된다. 이 말씀은 불신자들에게 하신 것이 아니라 믿는 자들에게 하신 말씀이다. "죽고자 하면 살고 살고자 하면 죽는다."

필자는 신앙을 위해 자기생명을 버린 이판일 장로와 이순신 장군의 리더십이 너무 닮아 한 번 비교해 보고 싶은 마음이 들었다. 두 분의 삶은 큰 틀에서 비슷한 모습을 보인다. 이순신 장군이 12척의 배를 이끌고 승리를 확신하고 133척의 왜적과 싸우기 위해 전선을 향해 당당히 가듯이, 이판일도 12명의 가족을 이끌고 자기 가족을 생매장하여 죽이려고 기다리는 무리들을 향해 당당히 나아갔다. 그 모습은 두 분이 처한 영적 싸움과 육적인 싸움으로 사안은 너무 다르나, 두 장수의 두려움 없이 나아가는 당당함은(선승구전 先勝求戰)의 결과를 미리 알고 있는 확신의 찬 모습이다. 이 두 분은 인생의 최고의 가치와 목표를 향해 사활을 건 결사적인 투쟁의 정신을 가지신 분들이셨다. 그리고 이순신은 54세에 순국하고 이판일도 54세에 순교했다. 이순신 장군이 전하에게 보고할 때 12척이었는데 전라 우수사 김익추가 한 달 후(8월 26일)에 배 한 척을 가져와서 13척이 되었다. 이판일 가족도 12명을 이끌고 순교 장소로 갔는데, 외출했다 돌아온 이완순(8살)까지 13명이었다. 그리고 이판일 장로는 하나님의 진리의 말씀을 지키려고 싸우다 영광스럽게 순교한 장수요, 이순신은 나라와 백성을 구하려다 충신답게 순국한 불굴의 장수이다. 이 시대의 우리들에게 큰 감동을 주는 멘토들이다.

이순신 장군

이순신은 임진왜란으로 나라의 존망이 위기에 처했을 때 부하들에게 "必生卽死(필생즉사)살기를 원하면 죽을 것이고 必死卽生(필사즉생)죽기를 다해 싸우면 살 것이다."라고 말했다. 이 글은 오기의 치병에 나온 글을 인용한 것이다.[71] 마태복음 16:24-25절 "누구든지 나를 따라오려거든 자기를 부인하고 자기 십자가를 지고 나를 따를 것이니라. 누구든지 제 목숨을 구원 하고자 하면 잃을 것이요 누구든지 나를 위하여 제 목숨을 잃으면 찾으리라"고 하신 말씀을 한자로 표기 하면 "我爲必生卽死(아위필생즉사) 神爲必死卽生(신위필사즉생)"이다. 뜻인 즉 "자신을 위해 살면 죽고 하나님을 위해 죽으면 산다."는 예수님이 하신 말씀이다. 이순신 장군은 1545년-1598년대 지금으로부터 420여 년 전에 죽음을 각오해야만 살 수 있다는 이 말씀을 인용했다. 그 시대에 글로벌 장군으로서 성서를 접 하셨을 가능성도 전혀 배제할 수는 없는 것은 당시 적장 소서 행장(小

西行長)도 천주교 신자였기 때문이다 이순신 장군의 사생 관도 보면 부산포 해전에서 전사한 녹도만호 정운 장군을 위해 지은 제문에 '사생유명(死生有命)'이라 생사 문제는 천명이라고(人生必有死, 死生必有命, 爲人一死, 固不足惜. 인생필유사, 생필유명, 위인일사, 고불족석)받아들였다.

그는 카리스마적인 지휘관이었으며 인간미를 갖춘 자였다. 출정 때 진두지휘자로 아랫사람들에게 신뢰와 자신감을 불어넣어 주었고 군율은 엄격했으나 평소 부하들과 소통하는 인간미를 가진 인물이었으며, 전투 진용이 바뀔 때 부하들에게도 공을 세울 기회를 골고루 제공하여 부하들에 사기진작에도 힘을 썼다. 가는 지역마다 주민들과 융화(融和)하는 분이셨고 효심도 지극하여 어느 날 어머니가 하신 "부디 나라의 치욕을 크게 씻어야 한다."는 당부의 말씀을 늘 기억했다 한다. 그리고 그는 정실관계에 치우치거나 불의와 타협하지 않고 국가에 대한 충절(忠節)을 저버리지 않았다.

오늘날 신앙인은 그의 이러한 모습을 본받아야 한다. 그 어려운 상황 속에서도 흔들림이 없었던 그의 의지, 또 하늘의 뜻에 순응하고 교만하지 않고 자신의 한계를 알았던 그를 본받아야 할 것이다. 이순신은 이길 수 있는 상황을 만들고(선승구전 先勝求戰)[72] 필사적으로 전투에 임했기에 해전에서 역사에 유례 없는 23전 23승을 하게 된 것이다. 특별히 명량해전을 앞에 놓고 신념에 찬 그의 확고한 외침을 보라. "전하, 신에게는 아직 12척의 배가 남아있사옵니다." 그의 외침대로 12척의 배로 133척의 왜군함대를 무너뜨렸던 것이다. 전투의 승리는 실로 천행(此實天幸차실천행)이다. 하늘이 도왔다는 뜻이다. 하늘은 스스로 돕는 자를 돕는다는 말이 있듯이 이런 기적은 철저한 준비로 가능한 것이다. 구국을 위한 결사 항쟁에 임하는 그의 희생정신 있었기에 연전연승의 대승을 거둘 수 있었다.

오늘의 교회들도 이순신 장군처럼 사리사욕을 버리고 하나님의 큰 뜻을 위해 일사각오의 신앙을 가져야 한다. 요한복음 12:24절 말씀처럼 "밀이 썩어야 열매를 내듯 우리의 육성이 죽어야(必死) 열매를 맺는다."는 이치를 깨달아야 한다. 이순신 장군은 일찍이 필사의 정신만이 적을 이길 수 있음을 깨달았다. 당시에 이순신은 예수님이 말씀하신 좁은 길 십자가의 길을 알았고, 필사 정신을 가져야만 나라도 자신도 산다는 이치도 알았다. 불의와 타협하지 않고 대의를 위해서 백의종군의 길을 택했던 성웅 이순신은 1598년 음력 11월 19일(양력 12월 16일) 이른 아침 노량바다에서 54세를 일기로 함상에서 순직하며 다음과 같은 말을 남겼다. "지금 싸움이 한창 급하니 내가 죽었다는 말을 내지 마라." 마지막까지 국가의 안위를 걱정하면서 고요히 눈을 감으셨다. 이순신의 삶은 우리에게도 많은 시사점을 준다. 이어 순교자 이판일 장로를 살펴볼까 한다.

이판일 장로

이판일 장로는 1940년경 일제강점기에 신사참배를 거부했다는 죄목으로 목포경찰서로 압송되었다. 동방요배와 황국신민서사 낭독 등을 하지 않았다는 이유로 일본 경찰에 구타를 당하고 모진 고문을 당해도 비천한 자신이 주님 때문에 고난당함이 너무 영광스러워 기뻐서 웃다가 일본 경찰들이 실성한 자로 알고 석방 시켜 주었다.[73] 이판일 장로는 우직할 만큼 오직 주님만을 바라보며 나아가는 자였다. 1950년 9월경 이미 교회당도 저들에게 몰수당하고 교회 건물은 민청단으로 사용되고 있었다. 그들이 이판일에게 협조를 요청해 오지만 신앙에 벗어나는 일에는 일보의 양보함이 없었다. 그리고 성도를 비밀리에 모이게 하고 9월 24일에 집에서 예배를 드리다가 놈들에게 발각되어 이판일과 이판성은 분주소로 끌려갔고, 다음날 목포 정치보위부로 압송돼 갔으나 이곳에서 기적 같은 일이 생겨났다. 정치보위부부장이 안식교 교인으로 이판일 장로를 알아보고 그의 도움으로 풀려나게 된 것이다. 그 곳에서 풀려나와 목포에 은거하시는 이성봉 목사를 찾아뵙고 자신은 임자도로 들어가겠다고 말씀드리니 지금은 들어가서 안 된다고 만류를 하셨으나 교인들을 위해 가겠다고 나섰다. 이때 아들 이인재도 아버지를 극구 만류했으나 "늙으신 어머님과 성도들을 두고 나만 살수 없다."며 임자도로 돌아온 이판일 형제는 바로 체포되어 그날 밤 늙으신 어머니를 등에 업고, 조카의 손을 잡고 가솔 12명을 거느리고 좌익분자들이 미리 파놓은 3키로 떨어진 백산 웅덩이의 처형 장소에 당도하게 된다. 어느덧 날은 바뀌어 목포 정치 보위부에 끌려갔다. 온 열하루 만인 10월 5일 새벽 1시 경이었다.

이제 이판일 장로는 가족을 거느리고 고난의 길을 가면서도 박해자들 앞에 비굴하지 않고 당당하게 올 것이 왔다고 다짐하면서 동생 이판성 집사의 가족과 함께 하늘의 소망을 외치며 스데반의 순교의 영광을 생각했다. 주님의 이름으로 죽을 수 있음에 감사하며 오히려 죽음을 영광으로 여기며, 당당하게 나아가는 그의 모습은 이순신 장군의 '사생유명(死生有命) 정신'과 겹쳐진다. 확신에 찬 모습으로 나아가는 당당함은 이순신 장군의 선승구전(先勝求戰)의 모습과 같았다. 생명을 내 놓아도 아까울 것이 없는 큰 명분을 찾은 자들의 당당함이다. 이 두 분의 리더십은 최고·최선의 목표를 향해 필사적으로 나아가는 자들이 보여줄 수 있는 것이었다.

이런 관점에서 이판일과 이순신은 목표를 위해서는 치우침이나 후퇴가 없는 직진 리더십의 사람들이셨다. 순교의 장소에 선 이판일 장로의 최후의 기도 "주여 이 어린 영혼들을 받아 주소서" 자신이 인솔해 온 두 가정의 영혼을 하나님께 받아 달라고 부탁하는 마지막 기도였다. 이 기도소리를 듣고 있던 놈들이 소리쳤다 "뒈질 놈이 기도는 무슨 기도 얏" 그 순간 한 녀석이 이판일 노모를 쇠창으로 후려쳤다 그러나 노모는 고통스러운 기색을 조금도 얼굴에 나타내지 않았다. "어라? 이 늙은이 꽤나 독살스럽구면!" 아들 이판일은 어머니만은 제발 무자비하게 죽이지 말아 달라고 그들에게 부탁한다. 이때 어머니 남구산 집사는 자식들을 향해 "얘들아 비겁하게 죽으면 못써"[74]라고 말했다. 이판일 장로는 효심이 남다른 사람이요 성도들을 아끼고 사랑함이 또한 남다른 사람이었다. 그러기에 진리교회 성도들은 그를 신뢰하고 그의 뒤를 이어 가족을 비롯하여 48명의 전 성도가 고난의 길도 마다하지 않고 직진 리더인 이판일 장로를 따라 천성만 보고 간 것이다.

희망의 주자

리더십(Leadership)은 고대 영어 'Ledan'에서 온 말로 '함께 간다'는 의미가 있다. 그러므로 리더십이란 '어떤 정해진 목표를 성취하기 위하여 조직 구성원들과 함께 공유된 목표를 향하여 나아가게 하는 영향력'이라고 할 수 있다. 우리가 예수님의 제자가 된다는 것도 예수를 따라간다는 것이요 나의 제자가 된다는 것은 누군가 나를 따라온다는 것이다. 이판일은 순수복음 정신을 가지고 예수님을 따라 나선 제자요, 문준경 전도사의 뒤를 따른 제자였다. 스승을 잘 섬기며 수제자 격으로 문준경 전도사를 멘토로 그분의 영성을 그대로 닮았고, 서로 대화하지 않아도 서로의 의중을 알았고 두 분은 이미 필사의 각오로 한 분은 증동리로 한 분은 임자도로 들어오셔서 1950년 10월 5일 스승과 제자가 한날 주님의 품으로 기독자가 바라는 최고의 축복의 길을 가신 것이다. 필자는 이인재 목사 생존 시 아버지께서 늘 순교를 말씀하셨다고 들었다. "나 같은 사람이 어떻게 스데반과 같은 그런 영광스러운 자리에 서겠는가?" 입버릇처럼 말씀하셨다고 했다. 이런 소망이 있었기에 좋고 좋은 저 천국을 향해 개선장군처럼 당당히 떠나신 것이다.

믿는다고 다 예수님의 제자가 되는 것이 아니다. 주의 뒤를 따르는 자여야 제자가 된다. 이판일 장로는 신앙초기부터 철저하게 성서 중심으로 예수님의 말씀을 그대로 믿고 따랐다. 그는 장로 직분이었으나 문준경 전도사가 학교를 가시거나 출타하시면 목회자처럼 교회와 성도를 돌보며 예배도 인도하시고 성도들을 잘 돌보신 분으로 소문난 장로셨다. 문준경 전도사 후임이셨던 이봉성 목사님이 설교 시 종종 이판일 장로님의 대한 말씀을 하셔서 필자도 들은 기억이 난다.

이 글에서 이순신 장군과 이판일 장로를 비교해서 연구한다는 것은 너무 상반된 사안인 것 같으나 이 두 분은 자신들의 삶의 최고의 가치를 추구하며 목표 달성을 위해서는 생명도 아끼지 않고 내 놓을 수 있는 필사(必死)정신이 너무 닮았고, 必死의 희생정신만이 삶의 길이라는 각오 또한 닮았다. 그리고 모든 성과를 천행(天幸)으로 하늘의 도움으로 여겼다. 이 두 분은 하늘에 계신 주재자(主宰者)를 알았고 그 뜻에 순응하는 데 공통점이 있다. 무장(武將)인 이순신장군은 한 나라와 백성들을 적으로부터 구하기 위해 순국 하셨다면, 영장(靈將)인 이판일은 예수의 교훈을 따르기 위해 그리고 영원한 참 생명의 가치를 알았기에 명확한 목표를 향해 12명의 가족들을 거느리고 순교의 길을 간 대장군이셨다. 이 두 분에게는 큰 대의 명분을 위해서는 앞만 보고 치우침이나 후퇴함도 없는 전진만 있었다. 이런 결단과 의지를 우리도 배웠으면 한다.

오늘날은 영웅도 사라지고 존경받는 지도자도 없어진 시대다. 왜 일까? 자기 욕망의 늪에서 벗어나지 못하고, 소탐대실(小貪大失)의 시대의 흐름 속에 묻혀 대의를 찾으려 하지 않는 시대이기 때문이다. 우리도 가슴을 펴고 두 분과 같이 현실의 작은 이해관계에 벗어나 명확한 목표를 향해 꾀부리지 않고 당당하게 대장부답게 살았으면 한다. 이 두 분을 멘토로 모시고 혼동의 이 시대에 희망을 주는 자가 되어보자.

다섯 번째 걸음

순교자 아들
이인재

이인재의 삶과 용서
아버지의 음성으로 용서한 아들
이인재 목사 40일 금식일기

이인재의 삶과 용서

필자와의 관계

이인재 목사의 아내는 필자의 아내 집안 고모의 따님이다. 개인적으로도 가까이 지내던 사이였다. 필자와 이인재 목사와의 관계는 먼저 이인재 목사는 60대에 느지막이 전남 지방회장으로 당선되셨고, 필자는 30대에 전남지방회 서기로 선출되어 지방회 쇄신을 위해 노력했던 관계이다. 또 압해제일교회에 시무하실 때는 압해 송공산 정상에서 천막을 치고(김동길 목사, 이인재 목사, 주백렬 목사, 박문석 목사) 10일간 금식한 일도 있었다. 이런 인연들로 인해 종종 이인재 목사와의 대화시간이 많아졌고 또 그의 과거의 가슴 아픈 이야기와 아버지 이판일 장로의 모범적인 교회생활 이야기들도 종종 들었다. 그리고 필자가 이인재 목사가 시무하는 임자진리교회에 1983년 초에 성회를 갔을 때, 손수 잘 꾸며놓은 강당 앞쪽 기도실도 보여주셨다. 그러나 얼마 후(1993년 1월경)에 어떤 정신없는 자가 와서 화재를 내어 교회가 전소되었다는 이야기를 들었다. 이인재 목사에게 들은 이야기는 많다. 하지만 이 책에서 다 기술하기에는 지면이 짧다. 이판일 장로의 장남인 이인재 목사의 아픔과 베풂, 삶을 초점으로 조명하는 것은 참 의미 있는 작업이다.

10일 금식 마치는 날

이인재의 출생

전남 신안군 임자면 진리 481번지에서 이판일 씨의 장남으로 1922년 1월 22일(실제 음력 1월 12일) 출생하셨다. 1942년 10월 3일에 백정희 전도사의 중매로 신앙이 좋은 처자(무안군 압해면 대천리 744번지) 조봉갑 씨의 장녀 조점례(당 20세)와 결혼하여 슬하에 3남(이성현, 이성관, 이성균), 3녀(이성순, 이성심, 이성진)를 두셨다.

용서의 사람 이인재

죽창에 찔려 피투성이 된 가족들의 시신을 수습하는 아들의 심정을 헤아려 볼 때, 용서란 단어가 결코 간단한 것도, 쉬운 것도, 또한 그것을 기대한다는 것조차도 어려운 일임을 알 수 있다. 더구나 자신에게 보복할 수 있는 기회와 힘(권한)이 주어졌음에도 보복하지 않고, 자신의 그 고통스러운 상처와 아픔을 다 끌어안고 관대한 마음을 베풀 수 있다는 것은 인간의 영역에 속한 마음이라기보다 또 다른 영역인 그리스도의 마음으로만 가능한 용서일 것이다. 그 당시 이인재의 마음속에 13명의 가족들의 처참한 죽음은 아무리 애써 잊으려 해도 잊히지 않는 기억이었을 것이다. 가족들에 대한 그리움과 외로움은 얼마나 컸을 것이며, 생각조차 하기 싫은 죽음의 현장이 연상될 때 감정을 가진 인간 이인재의 마음은 얼마나 힘들고 처참했을까?

그는 상처의 아픔을 가슴에 안고 고통 속에 살았다. 해마다 그때가 되면 그가 계절병처럼 가슴앓이를 하는 모습을 필자는 보았다. 그 누구에게도 토로할 수 없는 아픈 사연의 삶이었다. 그러나 그는 늘 자신의 아픔은 숨기고 상대를 웃게 만드는 사람이었다. 자신은 가난했으나 이웃에게는 풍족하게 베풀었고, 자신 속에서는 광풍이 일어도 상대에게 늘 잔잔한 호수와 같은 너그러움의 사람이었다. 목회 생활도 자기가 필요한 교회보다, 교회가 이 목사를 필요로 할 지역으로 헌신하고자 나섰다. 자신의 이익에는 허허하는 속빈 강정 같은 분이시나 주를 위함에는 관대함과 사랑의 베풂을 통해 헌신할 수 있는 그리스도의 정신이 가득 차있는 분이셨다. 이인재 목사는 63세에도 지방회장을 하지 못하셨다. 한 마디로 명예에 대한 욕심이 없어 보였다. 시기가 늦어져 기회가 지나감에도 불평하거나 내색하는 분이 아니셨다. 필자는 이런 이인재 목사를 회장을 시켜야 한다고 지방회의 다른 목사를 찾아가 설득하여, 이인재 목사를 회장으로 추대하고, 필자는 1985년도 당시 34회 전남지방회장인 이인재 목사를 30대에 서기로 보필한 바가 있다.

당시 이인재 전도사

원수사랑의 사람 이인재

한국전쟁을 통해 쓰라림을 당한 이인재는 아버지와 작은아버지의 순교의 영성을 이어 용서와 사랑을 몸소 실천한 자였다. 가족들을 해친 사람들의 본거지인 대기리 마을에 자기가 물려받은 논 1천 평을 팔아 직접 자신의 손으로 한옥 20여 평의 예배당을 지어 대기리 마을에 사랑을 베풀었다. 그리고 그들의 요청으로 대기리교회를 다니며 예배를 인도했다. 그는 결국 순교한 가족들의 뜻을 저버리지 않기 위해서라도 주의 뜻을 쫓아 제자의 길을 가야겠다고 결심하고, 1954년 32세의 늦은 나이에 서울신학교에 입학하게 된다. 이때는 이미 아들과 딸을 둔 한 가정의 가장이었다. 그는 3년 동안 임자도와 서울을 오가며 대기리교회를 돌보며 학업을 이어가는 강행군의 여정을 이어갔다. 그런 가운데 1956년에는 둘째 딸 성심(고, 강호민 선교사 사모)이 태어났고, 신학을 졸업하던 해(1958)에 둘째 아들 성관이 출생한다. 당시 가족을 다 잃어버린 이인재에게는 둘째 아들의 출생은 큰 위로였고 힘이었다. 현재 둘째 이성관 목사는 여주성결교회에서 귀한 사역을 감당하고 있다.

1956년도 이인재가 세운 대기리교회

기도의 사람 이인재

이인재는 관념적인 신앙의 틀을 벗어나서 체험적이고 실천적인 신앙을 갈망했다. 그는 금식하며 기도하는 일을 생활화했다. 아마 마음속에 떠오르는 그날의 충격과 슬픔을 극복하기 위해 자기와의 싸움을 계속했던 것이다. 필자를 포함한 네 사람은 송공산 정상에서 천막을 치고 10일간 금식을 한 적이 있다. 이때 이인재 목사도 합류했다. 그는 금식을 수시로 했다. 목회자로서 가장 현명한 일이라 본다. 목회자가 힘들고 어려울 때는 기도 외에 또 무슨 방법이 있겠는가? 목회자가 힘들고 어려울 때는 기도가 무기가 된다. 1951년 10월 4일(음력 8월 23일)에 1주기 추도식을 맞이하여 그가 작사한 '부모 은공 기억하라'라는 가사말 속에서 그의 심정을 헤아려볼 수 있다.

〈부모 은공 기억하라〉

1. 사랑하는 형제자매 부모은공 기억하세.
   나를 낳아 기르시고 가르치신 그 은혜는
   하늘보다 더 높으며 땅보다도 두꺼웁고
   바다보다 더 넓은 줄 내가 이제 알았도다.

2. 사람 되라 이르시던 부모님의 그 말씀이
   그때 당시 싫었으나 이제 와서 듣고 싶네.
   약이 입엔 쓰지만은 신병에는 달다더니
   부모님의 하신 말씀 내게 약이 되었도다.

3. 비가 오나 눈이 오나 추울 때나 더울 때나
   쉬지 않고 노력하신 부모님의 그 은혜로
   나는 편히 쉬었으며 편한 자리 잠잤으니
   부모님의 크신 공덕 아이고야 잊을손가.

4. 못 잡숫고 헐벗으며 내핍생활 하신 것은
   날 먹이고 입히시며 가르치기 위함이었네.
   그때 어린 생각으론 당연한 줄 알았더니
   이제 와서 생각하니 불효막심하였도다.

5. 아버지는 삼십삼 세 어머님은 삼십오 세
   그때 전가귀도하여 신앙생활하실 적에

하나님께 대한 충성 세상 빛이 되시었고
아래로는 대인관계 소금 직책 다하셨네.

6. 조모님께 대한 효성 그 정성이 지극하여
   죽은 후에 만수성찬 쓸 데 없다 하시면서
   살아생전 생신일엔 산제사를 지내시고
   초하루와 보름날엔 산상방을 지내셨네.

7. 이리하여 20년간 세상사람 본이 되어
   불초어린 이 자식께 실제 교훈 주시었네.
   나도 커서 부모님께 효도봉양 하렸더니
   하나님의 부름 받아 가시고야 말았도다.

8. 일천구백오십년도 팔월이라 이십삼일
   어둠침침 새벽 달밤 순교장에 나가실 때
   조모님을 등에 업고 가족 식구 앞세우고
   십 리나 된 머나먼 길 기쁨으로 가시었네.

9. 순교장에 도착하여 간절하신 마음으로
   조모님과 가족 위해 기도드려 고하시고
   당신 영혼 하나님께 부탁 말씀 아뢰시고
   원수까지 위하여서 하나님께 기도했네.

10. 땅을 치고 통곡해도 내 마음이 시원찮고
    슬피 울며 불러 봐도 대답 없는 내 부모님

내 자신이 하루바삐 가신 그 길 찾아가서
그리웁던 그 얼굴을 인사하고 뵈오리다.

11. 내 아버지 평생소원 순교를 원하시더니
    소원대로 이루시는 하나님의 뜻을 따라
    승리의 길 가셨으니 생명의 그 면류관을
    받아쓰신 그 모습을 어서 가서 뵙고 싶네.

12. 부모님이 그 생전에 못 다하신 그 성업을
    만분지의 일이라도 받들고저 각오하여
    이 몸 전체 아낌없이 하나님께 바쳤으니
    감당할 수 있는 힘을 주여 내게 주옵소서.

13. 하나님께 충성하고 구령사업 힘쓰다가
    하나님이 내 영혼을 부르시는 그날 그시
    할렐루야 아멘으로 승리 노래 부르면서
    내 부모님 가신 곳에 나도 가려 하옵니다.

일주기 추모 가사 속에는 아버지의 효심과 신앙심을 본받아 효도를 하고 싶어도 할 수 없는 애절하고 아픈 마음이 나타나 있다. 그리고 아버지의 순교영성을 닮아 아버지가 받아쓰신 면류관도 보고 싶고, 자신도 아버지처럼 받고 싶고 또 아버지가 다 이루지 못한 성업을 이루어 드리고 싶은 심정역시 드러나 있다. 또한 그 꿈을 이루기 위해 주님 앞에 서는 날까지 충성하고 구령사업에 힘쓰겠다는 다짐의 노랫말에서 주의 종으로서 그의 충심을 볼 수 있다.

헌신의 사람 이인재

그는 신학입학 초기부터 임자도와 서울을 오가며 교회를 섬기며 학업을 이어가는 강행군을 한다. 임자도 지역의 복음화의 큰 공은 아버지 이판일과 가족들의 순교의 피 흘림, 그리고 아들 이인재의 사랑과 헌신에 있다. 임자도를 일관되게 돌보는 그의 용서와 헌신적 베풂은 임자도 복음화에 큰 역할을 했다. 이인재는 1958년 3월 6일에 서울신학대학을 졸업하고 첫 임지로 후증도교회에 부임한다.

후증도교회 담임 이인재 전도사(1958.10-1960.5)

이인재 전도사는 문 전도사님 당시에 건축한 건물을 철거하고 새 예배당을 건축한다. 이 예배당은 문준경 전도사가 순교한 현장인 모래사장에서 모래를 채취해 지은 예배당이다. 즉 순교자의 피가 스며있는 모래로 세운 것이다. 현재 증동리교회 정문 계단 옆에 높다란 종탑이 서 있고, 그 옆의 건물이 바로 이인재 목사가 손수 지은 예배당이다.

문준경 전도사가 첫 번째 세운 후증도교회

後曾島敎會聖殿建築記

후증도교회성전건축기

문준경

하나님의사랑은 크고넓흔지라 도
서에잇는 우리까지사랑하사 하나님
의아달과말을만드러주신것을생각할때
에 감사하지안을수업어 본교회의력
력과성전신축긔를 붓을들어하나님께
영광을 들이고자함다 이곳임자교
회교회인바임자교회에서 멀지안은 오
도서중의 잇는교회이니 이곳은오래
전에장로교회에서와서 전도를하였스
나 그러나 이들은전도를듯지안코 꼼박
할뿐이여서 할수업시이를페지하고말엇다
그리하여이들의마음은 시내가의돌맹
이갓히되엿다 그러나 나는그들이멸
망의길을걸는것을볼때 그대로있을수
업어 하나님께 간절히기도한결과 전
도할지시가잇어서 한사람두사람의게
복음을전한바막축치안니 한낫
가서 찬미를불넛다 그러니모든사람
들은 미친녀자가왓다고하여동여들게
되엿다 그리하여 날마다복음을전
하엿다 그런중유형이하나님께영광을을

니라 나를구경하러온사람이엿다 나
는여긔서서 이들이하나님을알도록
하게되엿고 여긔서나는며욱열심을엇
고하여 남녀신도와 주일학생들을주
야를불고 그리하여완전히일을공케
되엿다 그런데총공비를절산하고보니
팔백여원에 달하엿다 그리하여우리들
사귀여워하야 일천구백삼십칠년정월십
오일잣부흥회겸 헌당식을하
게되엿다 그런데놀나지마서요 오
동리에서 매점묘마다오륙백명식동여
전에없든 이놀라운은혜가나왓다 지금관
게로집회상학을하고 그런데지금
도그긔가백구십원이남아잇다 그런
데이웃동리 방축리기도소에서성전
을짓게되 그대로둘수업어 생활비은것
침으로 그대로둘수업어 생활비은것
신도들이 최우선써단몰을근축한다
자긔마당을밧처 례배당을근축한다
각각자긔맘맘말한안니라
그리하여 지금일을하는 중에있는데
물질부족으로인하야 대단곤난하오니
조선에잇는교우들의긔도와물질의도
음까지라도 잇기를바라나니다·아멘

것은 목포에서재목과 스렛도를사다
선두에두엇는데 사람사서나를겁임다
고하여 남녀신도와 주일학생을운
이고지고하여 운반을
시키엇는것을이게하야
하나님의제감 현당식을十
三일잣부흥회겸 현당식을十
목포에게신 김재일전도사를청하여
오일잣부흥회겸 현당식을十
一千九百三十七년正月十
五 五六

—(2 7)—

문준경 전도사의 기사

당시 후증도교회 건축하는 장면　　　이인재 목사가 세운 두 번째 교회
(위 이인재, 아래 김성환)

　당시 이인재 전도사와 같이 건축 일을 했던 김성환(원산교회 명예목사)
는 건물을 건축하다가 상층에서 떨어져 이인재 전도사는 죽을 뻔했다고
증언했다. 이인재는 가족이나 자신을 돌볼 겨를도 없이 헌신하고, 오직
주님만을 위해 몸 바쳐 헌신하는 앞만 보고 가는 분이셨다.

목포 동명동교회(현 상락동교회) 시무(1960.5-1962.5)

　동명동교회는 1948년 2월 북교동교회에 이성봉 목사가 시무할 당시
최병인 집사가 시작한 교회[75]다. 교회 명칭은 동네 이름을 따서 동명동교
회로 시작되었다. 한국전쟁 당시 목포 정치보위부로 끌려간 이판일과 이
판성이 무사히 풀려나 찾아가서 하나님께 기도했던 곳이기도 하다. 그때
젊은 청년이던 이인재가 그 교회 담임 목회자가 되었으니 아버지의 기도

가 서려 있는 장소를 볼 때 참으로 감개무량했을 것이다. 동명동교회는 한동안 목회자 없이 방치되어 있어서 전쟁의 흔적을 지울 수 없었고, 또 그 마을이 달동네여서 어려움이 많았다. 이때 이인재 전도사는 임자도에 있는 자신의 집을 팔아 예배당을 수리했다. 당시의 상황을 필자도 중학생 시절 보았다. 당시는 1층을 사택으로, 2층은 예배당으로 꾸몄다. 헌신하는 이 목사의 마음은 가난하지 않고 넉넉했다. 이때 셋째 딸까지 있었던 것으로 안다. 그는 가족을 잃은 외로움이 싫어서인지 자녀에 대한 애착은 많았던 것으로 생각한다.

여수 고소동교회(현 여수성결교회, 1962.5-1963.5)

이인재 전도사는 1961년 12월 27일(제16회) 총회에서 목사 안수를 받았다. 목사 안수를 받은 그는 전남 여수시 고소동에 있는 고소동교회(현, 여수교회)에 부임했다. 당시 고소동교회는 여러 가지 어려움에 직면해 있었다. 교단의 갈등과 분열의 위기에 처해

여수교회

있는 때였다. 이러한 어려운 문제를 놓고 밤낮으로 교회와 교단을 위해 눈물로 쉬지 않고 기도했다. 이렇게 힘겨워할 때 위로의 선물로 1963년 1월 18일에 막내아들 성균이 출생하게 된다. 그는 순교자 할아버지 이판일 장로와 순교자 문준경 전도사가 세운 임자진리교회의 목사로 아버지의 대를 이어 2016년 11월 28일 담임목사로 취임했다.

미당교회 시무(1963.5-1965.10)

1960년대는 한국 교계의 분열의 시대였다. 분열의 바람이 교계에 불어와 사분오열을 거듭하고 있었다. 우리 교단도 에큐메니컬리즘에 대한 지지와 반대를 놓고 대립하여 1961년에 개최된 제16대 총회에서 기독교대한성결교회와 예수교대한성결교회로 양분되고 있었다. 이때 이인재 목사는 충남 청양군 장평면 적곡리에 있는 예수교대한성결교회로 갈려나간 미당교회를 다시 기독교대한성결교회로 복귀하도록 설득하라는 소임을 맡았으나 이는 쉽지 않은 일이었다. 이 교회는 시골 교회였지만 권순애 권사는 영향력이 있었으며, 그녀는 주위에 십여 교회를 개척할 정도로 헌신과 열정의 전도자였다. 이때 이인재 목사가 파송 받아 교회분열을 수습하고자 부단히 노력했을 했지만 복귀시키는 일이 말처럼 쉽지만은 않아 결국 이루어지지 못했다. 어떤 단체이든지 분열하기는 쉬우나 합치하는 일은 단순한 일은 아니다.

전장포교회 시무(1965.10-1969)

1965년 10월 이인재 목사는 이공신 목사의 권유로 전장포교회로 부임하게 된다. 전장포 교회는 용문산 출신 박영도 전도사가 개척하여 당시 교회는 부흥이 되었으나 후에 교역자들이 지나가면서 생활이 어려워져 교역자 지망자가 없어 공백이 생기면서 교회가 어려워졌다. 그래서 목회자들이 들어가기를 꺼려했다. 이때 이인재 목사가 들어가게 된다. 게다가 한 가지 문제점은 한국전쟁 당시에 가해자의 가족들이 생존해 있을 때여서 예수를 믿는 교인들이지만 서로가 부담감이 없을 수 없었다. 그러나 이 목사는 평소에 쌓은 덕과 신뢰감으로 특별한 거부감이나 애로점은 없었다. 이인재 목사는 임자지역 사회에서는 서로 간의 용서와 사랑을 말할 수 있는 자였다. 그들 중에도 알게 모르게 상처 받은 자들도 있었겠으나 자신들과는 비교도 할 수 없는 큰 상처를 받은 이 목사가 자신들에게 사랑의 복음을 전할 때, 미안함과 고마움으로 그를 받아들였다. 이인재 목사는 확신을 가지고 사랑과 용서의 복음을 전할 수 있었다. 옛말에 본촌 무당은 안 알아준다는 말이 있듯이 고향에서의 목회는 다 아는 사이여서 어렵고 힘들다. 그러나 이인재 목사는 다 인정하는 관용의 사람이었다. 그래서 그를 신뢰하고 지역 주민들이 따르고 인정하므로 교회는 다시 힘을 얻게 되었다.

압해 제일교회 시무(1969.봄-1972.5)

압해 제일교회는 장석초 전도사가 목포교회를 개척하고 임성교회 다음으로 1928년도에 집을 세우고, 1929년도부터 시작한 신안에 생긴 성결교회 1호 교회다.[76] 당시 압해제일교회는 신안에서 1등 교회로 성장 하다가 임상호 목사가 떠난 후 타 교단에 김만문 목사를 모시고 집회한 후 교회가 영적인 문제로 분규가 생겨나면서 둘로 나뉘어져서 예수교대한성 결교회에 소속되어 있다가 이제는 순복음교단으로 소속되어있다. 이인재 목사는 당시 기독교대한성결교회 제일교회로 남아 있는 성도들을 수습하는 차원에 제일교회에 파송되었으나 이미 갈등이 심화되어 합동은 어려 웠다. 인간의 노력으로는 어렵다는 것을 알고 당시 인천 다락방으로 40일 금식을 떠나셨다. 금식의 결과는 서로 평화롭게 공존의 해야 한다는 응답이었다. 인천 다락방에서 1969년 10월 4일 토요일 40일 금식 때 쓴 글을 소개한다.

〈내 아버지 추모가〉

1. 내 아버지 가신 날이 그 몇 해나 되었는가.
   손을 꼽아 헤어 보니 어언간에 열아홉 해
   19년 전 이날 밤에 악당들의 인솔하에
   형장으로 끌려가신 그 모습이 참혹하다.

2. 할머니를 등에 업고 온 식구를 앞세우고
   어둠침침 새벽길을 한 발자국 다 발자국
   십리나 된 머나먼 길 힘이 없이 걸으실 때
   악당들은 채찍으로 빨리 가자 재촉했네.

3. 순교장에 다다라서 정성 다해 무릎 꿇고
   하나님께 부르짖어 기도하며 하신 말씀

내 식구의 영혼들과 내 영혼을 받으시고
무리들의 하는 처사 용서하여 주옵소서.

4. 이와 같이 비올 때에 무자비한 악당들은
   죽을 놈이 무슨 기도 필요하냐. 욕하면서
   달려들어 몽둥이로 머리부터 내리칠 때
   주의 이름 부르시며 그 자리서 운명했네.

5. 계속해서 악당들은 남은 식구 12명을
   이미 파둔 구덩이에 쓸어 넣고 짓밟으며
   죽창으로 찌르고 흙으로써 덮을 적에
   육체들은 매장되고 영혼들은 승천했네.

6. 가을 하늘 푸른 창공 반짝이는 저 별들아
   희미하게 비추이는 이그러진 반쪽 달아
   19년 전 이날 밤에 되어졌던 그 사실을
   외로웁게 누워 있는 내 자신에 알려다오.

7. 내 아버지 내 어머니 내 할머니 내 동생들
   못다 하신 그 성업을 계승하여 받들고저
   이 몸 드려 충성 다해 희생제물 각오하여
   내 모든 것 드리오니 주여 받아 주옵소서.

8. 중도에서 쓰러질까 염려되어 연단코저
   이성산에 찾아와서 40일간 금식기도

매달려서 구하오니 주여 새 힘주시어서
승리롭게 맞이하도록 성령이여 도우소서.

9. 내 아버지 내 식구들 그 영혼이 낙원에서
  이 자식을 위하여서 쉬지 않고 기도하리.
  주의 이름 힘입어서 승리롭게 순교하신
  내 아버지 뒤를 따라 나도 가려 하옵니다.

이 가사에도 잊을 수 없는 과거가 담겨 있으나 아버지의 영성을 닮아 평화를 이루고 싶은 열망이 담겨 있다. 제일교회를 시무 하면서도 아버지와 같은 순교 영성으로 자신의 희생을 통해 화합을 이루기를 바라는 그의 심정이 담겨 있다. 이 기도의 결론은 하나님의 은혜로 두 교회가 서로를 인정하고 화합하는 길을 모색해 나가자, 싸우지 않고 혼신의 노력을 다하겠다는 것이었다. 이인재 목사의 재임 시에는 싸우는 일이 없이 평화로웠으나 한 마을에 있는 두 교회로 인해 초등학교에서 어린 애들까지 편 가름의 현상이 심화되었다. 후세를 위해서라도 하나가 되어야한다는 분위기가 조성되면서 이인재 목사가 떠난 20여 년 후 전남지방회에서 마을 평화를 위해 합동을 허락하여 결국 순복음교단으로 통합시켜 주었다. 그래서 신안 제1호인 역사적인 압해제일성결교회가 이제 대천중앙순복음교회로 명칭이 변경되어 있는 실정이다.

압해제일교회

압해제일교회에서 분리된 가나안교회

자은 제일교회 시무(1972.5-1974.초)

　이인재 목사는 1972년 5월에 신안군 자은면 고장리 제일교회에 부임하셔서 재임 중 자은 구영리에 중앙 교회를 분립 개척하셨고 또 부지런하여 교회를 잘 돌보셨다. 당시 자은 지역은 의료 시설이 불비했는데 침술을 배워 침술로 걷지 못하는 분을 걷게도 하셨다고 이경삼 장로가 증언했다. 평소에 숙련된 솜씨로 교회 건물 보수를 하셨고, 지역 주민과 관계를 잘 했으나, 자녀 교육에 어려움이 있어 2년 후에 목포교회로 옮기게 된다.

베다니교회(1974. 초)와 목포 중앙교회 시무(1975.8-)

베다니교회는 미자립교회로 성도가 없는 상태였다. 북항 쪽 산기슭에 있었다. 이곳에서 잠시 계시다가 목포중앙동교회로 가셨다. 이때가 1975년 8월경으로 중앙동교회 담임 박정석 목사가 신병치료차 일본으로 떠나면서 교회 강당을 맡아 달라고 당부하셔서 약 3년 동안 그 곳에 계시면서 심방하시는 동안 환자를 치료하는 차원에서 침술을 하셨는데, 환자가 사망하는 사태가 발생하여 유족들의 고발로 많은 어려움을 겪게 되어 결국 전남지방을 떠나게 되는 계기가 되었다.

옥천 중앙교회 개척(1976년-)

옥천중앙교회

고향을 떠나서 경기도까지 가게 된 것은 증동리 출신인 서울중앙성결교회 이만신 목사가 경기도 옥천에 교회를 개척하기 위해 준비 중에 있었기 때문이다. 고향 후배인 이만신 목사가 선배인 이인재 목사의 어려운 소식을 듣고 이인재 목사에게 교회 개척과 건축에 남다른 달란트가 있으니 올라와서 개척할 의향이 있느냐 물었다. 이때 이인재 목사는 그의 제의를 흔쾌히 수락하고 옥천으로 떠났다. 이때 손수 건축하여 세운 교회가 바로 경기도 양평군 옥천면에 있는 옥천중앙교회다. 당시 이인재 목사는 자녀들과 외지에서 고생도 많았고 고향도 그리워하던 차에 목포중앙교회 성도들로부터 다시 고향으로 와서 사역하시라는 제의를 받게 된다.

목포 평화교회 시무(1977-1983)

목포 중앙교회를 섬기시던 박정석 목사가 광주로 임지를 옮기는 과정에 목포 중앙교회 정옥임 권사를 중심으로 성도들이 중앙교회에서 나와 교회를 개척하게 되었다. 이때 이인재 목사에게 목포로 오시라는 부름을 해왔다. 이인재 목사가 중앙교회에 계실 때 침술을 배워 좋은 일 하시다가 뜻하지 않은 사망사고로 목포를 떠나신 것이 성도들 입장에서는 늘 마음에 걸려 있었던 것 같다. 그래서 그들이 같이 개척을 하여 이인재 목사를 모시고 함께 일하고 싶은 마음에서 이 목사를 부른 것이다. 이인재 목사는 고향을 떠나 객지에서 목회하면서 마음 한편으로 늘 고향을 그리워했다. 때마침 고향에서 성도들이 같이 일하자고 불러주어 그 제의를 받아들였다. 그리고 고향으로 내려와 평화교회를 부흥시키겠다는 결심으로 전심전력을 다해 목회에만 전념했다. 그 결과 교회가 부흥되었고 교회를 여러 차례 옮겨가며 날로 발전하여 구 평화극장 뒤편으로 옮겼을 때 평화교회는 성도가 60여 명 정도 모이는 교회로 성장해 있었다. 이렇게 활력이 붙어가는 즈음에 고향 임자교회에서 교회내분이 생기며 혼란스러운 일이 벌어져 어려움을 겪고 있었다. 고향교회 사정을 외면할 수 없어 고민하다가 교인들의 간절한 요청을 받아 가기로 결심을 한다.

임자진리교회 시무(1983.10.23.-1992.5.22.)

　임자진리교회에는 이인재 목사와 가장 절친한 이공신 목사가 1960년 6월부터 1983년 10월까지 23년간 장기 목회를 하다 보니 임자진리교회 교인들 사이에서 내분이 생겨나기 시작했다. 고향교회의 실정을 알았지만 평화교회가 한창 부흥 중에 있어서 옮길 처지가 아니었다. 그러나 고향교회의 딱한 실정을 알고도 외면할 수는 없고, 또 친구 목사의 실정을 듣고 딱하여 고민 끝에 내심 고향으로 가야겠다고 결심을 하고 있었으나 문제는 사모였다. 설득을 해 보려고 사모에게 이야기를 했더니 사모는 극구 반대했다. 그러나 많은 노력 끝에 사모의 허락을 받아 결정하고, 두 분이 서로 임지를 맞바꾸는 조건으로 결정이 되었다. 이 과정에서 재미있는 에피소드는 한 분은 임자도로 한 분은 목포로 나오게 되었는데, 두 분이 한날 이사하면서 임자도에서 트럭 한대를 대여하여 한 차로 임자도에서 이삿짐을 싣고 나와서 짐을 내리고 또 그 차가 목포에서 이삿짐을 싣고 들어가는 바람에 시간이 쫓겨 이삿짐을 제대로 싣지 못하고 갔다는 말을 들었다. 이렇게 순박한 분이셨다. 이렇게 서로 바꾸어 부임하신 후 임자진리교회는 모든 문제들이 다 해결되었고 성도들도 기쁨으로 더욱 열심히 봉사하여 주변 교회들까지 도우며 열심히 충성했다. 이때 임자진리교회 내에 지하 기도실도 만들었고 기도도 열심히 하며 헌신하는 성도들의 모습을 필자도 83년에 성회를 인도하면서 본 적이 있다.

임자진리교회 원로목사 추대식(1992.5.12.)

　이인재 목사는 1954년 서울신학교에 입학한 지 38년 만에 원로목사로 추대 받고 현역에서 은퇴한다. 그는 이날 이렇게 소감을 밝혔다. "저는 이 부락에서 출생하고 이 교회에서 주일학교를 다녔고, 이 교회에서 신학교를 졸업했습니다. 9년 전 제 모교회인 이곳에서 마지막까지 목회하다가 원로목사가 되었다는 것은 참으로 감명 깊습니다. 제가 기도해 온 것은 정년퇴임 때까지 '하나님이 함께하셔서 승리 가운데 최후를 마치게 해 주옵소서'라는 기도였습니다. 그런데 오늘 아침부터 기도가 바뀌었습니다. '앞으로 제 생명 하나님 앞에 부름 받는 그날까지 죽도록 충성하며 일할 수 있는 기회를 주옵소서'로 기도의 제목으로 삼고 충성하겠습니다."라고 다짐하며 말을 마쳤다.

그의 말처럼 그는 자기에게 주어진 사명이라면 어디든지 이해를 초월하여 묻지도 따지지도 않고 순종하다 자기가 할 일이다 싶으면 미련 없이 떠났다. 그러나 그의 목회 여정의 마지막은 목숨 바쳐 헌신해야 할 하나님 아버지를 처음 만났던 곳이자, 자신이 그렇게 살 수밖에 없도록 각인시켜준 육신의 아버지의 흔적이 남아 있는 곳, 순교의 영성이 살아 숨 쉬는 임자진리교회였다. 그는 이곳에서 주님을 만나 사명자가 되었고, 이곳으로 돌아와 사명의 멍에를 내려놓는다. 그는 부모로부터 물려받은 재산을 아낌없이 교회와 이웃을 위해 사용했고 무엇에든지 얽매이지 않은 자유인이요 욕심을 버린 자유로 살았다. 한 많은 한생을 살면서도 속으로 삭히며 내색하지 않고 육안으로는 보이지 않는 미래의 희망을 바라보고 나아가는 순례자의 삶으로 살았다. 목회 일선에서 물러난 후에도 그는 한 곳에 머물지 않고 자신을 불러주는 곳이면 어디든지 주저함 없이 달려가 헌신하며 충성하다가 2009년 2월 20일 금요일 새벽 3시 30분경에 목포 한국병원에서 그가 바라던 가족과 아버지가 계신 주님 품으로 떠나셨다.

국제사랑재단 제1회 원수사랑상 수상(2008.11)

　이인재 목사는 가족에게 가해한 자들을 용서해주었을 뿐 아니라 오히려 그들을 돌아보며 그들의 배후가 되어주었다. 그들의 자녀들의 결혼주례도 맡아 돌보았고 어려운 일이 있을 때는 상담사의 역할도 했다. 그들 역시 이인재 목사를 아버지처럼 신뢰했다. 이들 가운데 신앙인은 물론이고 많은 직분자들이 배출되었다. 한 알의 밀이 썩어 얻은 열매였다. 이 열매들은 그의 용서와 사랑의 열매들이다. 목회에도 그의 좌우명처럼 '죽도록 충성하라'는 원칙을 지키기 위해 무던히 노력한 흔적들을 볼 수 있다. 특히 그의 금식 가운데 쓴 노래 가사의 내용 속에 고뇌의 흔적이 담겨져 있다.

　중도에서 쓰러질까 염려되어 연단코자
　이성산에 찾아와서 40일간 금식기도
　매달려서 구하오니 주여 새 힘주시어서
　승리롭게 맞이하도록 성령이여 도우소서.

　그는 늘 기도로 자기의 심령을 관리하며 위에 계신 하나님을 사랑하고 아래로는 원수를 사랑으로 돌보아 그 공을 인정받아 원수사랑상을 받았다. 미국 로스앤젤레스에 유니온교회를 개척한 이정근 목사는 한국전쟁 50주년 2000년 6월 25일에 미국인 참전 용사들을 초청한 자리에서 '원수사랑 운동'을 천명한다. 그는 원수사랑 재단을 설립하여 매년 6월 25일을 '원수 사랑의 날'로 지정하고 2년에 한 번씩 국내외 귀감이 되는 인물을 선정해 시상하고 있다. '사랑의 원자탄' 순교자 손양원 목사, 에콰도르에서 순교한 네이트 세인트 선교사, 인도의 마지 목사 등이 원수사랑상을 수상했다. 2008년 11월 23일 인천 문학중앙교회에서 원수사랑상 수여식 수상자로 이인재 목사를 선정하였다. 원수의 영혼을 위해 용서를 빌었던 그의 아버지의 고결한 믿음의 대를 이어 아들인 이인재 목사는 자기의 가족과 성도들을 살해한 폭도들을 사랑으로 용서함으로써 진정한 그리스도의 사랑을 실천했다는 평가를 받은 것이다. 시상식에서는 이인재 목사의 차남 이성관 목사가 대신 상을 받았다.

아버지의 음성으로 용서한 아들

한국전쟁이 끝나갈 무렵 9월 28일 연합군의 수복 후 공산주의자들은 철수하면서 임자도에 엄청난 만행을 저지른다. 이인재는 가족들의 생사를 알기 위해 10월 19일 아침 7시 해군 백부대(부대장 백남표 소령)와 함께 임자도로 들어왔다. 이인재는 도착하자마자 자신의 집으로 달려가 부엌으로 들어가 아궁이에 손을 집어넣어 보았다. 따뜻한 온기가 있음을 느끼고 안도의 한숨을 내쉬며 대청마루로 올라가 방문을 열어 보니 이게 웬일인가? 아버지와 어머니가 살고 계셔야할 곳에 엉뚱한 사람들의 살림살이가 있었다. 가슴이 쿵 하고 무너져 내렸다. 이인재는 그 자리에 주저앉고 말았다. 그는 목포에서 매일 같이 가정을 걱정하며 임자도에 들어오려고 여러 차례 시도했으나 못 오고 있다가 천신만고 끝에 다행히 해군 백부대의 배를 타고 임자도에 왔다. 그런데 어찌 된 일인가 혹시 가족들 모두가 잘못되지나 않았을까? 만감이 교차하였다. 그래도 한 가닥의 희망을 안고 지나가는 사람들을 바라보았다.

필자는 당시 이인재의 심정을 생각해 보았다. 그 분함과 억울함은 말로 표현할 수 없을 것이다. 영원히 돌아오지 않는 아버지와 형제들, 가족들에 대한 기다림은 너무도 가혹한 현실이었다. 원수를 미워하지 않고 관용과 사랑으로 아버지의 영성을 이어가는 아들의 모습은 가시밭에 백합화 같이 순결하고 성결하였다.

임자도의 통곡소리

집에 왔으나 가족들이 보이지 않자 밖에 나와 지나가는 사람에게 자신의 가족의 생사를 물었지만 고개를 숙인 채 아무런 대답을 하지 못했다. 또 다른 이웃을 만나 "우리 식구 다 어디 있냐?"고 물었다. 그 사람이 그의 손을 잡고 눈물을 흘리며 가족들은 놈들에게 끌려가 다 죽었다고 들려주었다. 가족이 다 죽었다는 소식을 듣고 하도 기가 막히고 화가 치밀어 이인재는 주저 앉아 통곡하며 울었다. 당시 임자도에는 이인재 가정만이 아니라 많은 사람이 죽어 이곳저곳에서 비통의 소리가 울려 퍼졌다. 이때에 살기 위해 외지로 피신했다가 죽음을 모면했던 피해자 가족들이 속속들이 임자도에 들어오면서 임자도의 상황은 더욱 아수라장이 되었고 복수극이 벌어져 사태는 더욱 악화되어 갔다. 며칠 전까지 만해도 가해자였던 이들이 보복을 피하느라 전전긍긍하였고, 피해자들은 흥분하여 그들을 죽이고도 모자라 땅을 치며 통곡하는 등 분위기가 살벌해지며 임자도는 보복의 현장으로 변해갔다.

참상의 현장 소식

이인재는 아버지 이판일 장로가 돌아가시기 전 가족들과 자기의 영혼을 위해, 그리고 자신의 가족을 죽이는 악당들을 위해 기도하며 처참하게 돌아가셨다는 소식을 듣게 된다. 저들이 모르고 하는 짓을 용서해 달라고 기도하시며 돌아가셨다는 것이다. 기도하는 소리를 들은 놈들은 죽을 놈이 무슨 기도냐고 하며 아버님을 두들겨 패서 그 자리에서 돌아가시게 했다는 것이다. 이때 백산에 버려진 시체가 300명은 족히 되었다. 구덩이를 일곱 정도 파 놓고 대부분 생매장해서 죽였다. 생매장된 자들의 신음소리가 며칠 동안 들려도 가보지 못했다. 그 현장은 참으로 처참 했다고 한다. 이인재가 시체를 수습하러 갔을 때는 시신이 부패되어 얼굴을 보아서는 도무지 알아볼 수 없을 정도였으나 가족들을 다 찾았다. 그러나 아버지만은 찾지 못하고 있다가 주머니에서 당시 목포 정치보위부장이 만들어준 여행증명이 있어 찾게 되었다. 이러한 어려움 끝에 가족들을 다 찾아 안장하게 되었다고 이인재 목사는 증언했다.

보복의 참상

임자도는 치안 상태가 전무한 공백 상태였다. 놈들의 횡포에 두려워 경찰들도 피신하고 없었다. 상륙 작전 후 경찰들도 임자도로 돌아오기 시작했다. 이때부터 면사무소와 파출소 등에 태극기가 게양되고 상황이 바뀌고, 가해자들의 살생부가 작성된다. 이 무렵 사람들은 파리 목숨처럼 말한마디에 죽어 나갔다. 당시 가해자들은 살길을 찾아 달아나기 바빴다. 산속으로나 혹은 은신처로 숨을 곳을 찾아 도망가다 붙잡히면 사람들에게 맞아죽었다. 피해를 당했던 자들이 이제는 가해자가 되어 죽이므로 당시 좌익이 죽이고, 우익이 보복한 사람의 수가 이성봉 목사의 기록에 보면 1500여 명이었다는 기록이 있다.[77] 임자도는 피해자들의 울분으로 곳곳에서 죽이고 또 잡으려고 혈안이 되어 찾아다니는 보복의 현장이었다 한다.

아버지의 음성 듣고 용서한 아들

이인재도 가족 13구의 시신을 앞에 놓고 끓어오르는 혈기와 분노를 억제하기 힘들었다. 이 끔찍한 현장을 목격한 아들의 심정이 얼마나 괴로웠겠는가? 피가 거꾸로 치솟는 듯한 고통이었을 것이다. 후일에 한해에 한 번씩 절기 때마다 가슴앓이가 있었다고 하시는 말씀을 필자는 들은 바 있다. 그렇지 않겠는가? 부모를 비롯하여 두 집안이 13명의 가족을 자기 손으로 일일이 수습하는 일이 얼마나 가슴 아픈 일이었겠는가? 그의 마음은 헤아릴 수 없다. 부모를 죽인 원수들이 부모의 집에 살림살이를 들여 놓고 살고 있는 그 모습을 어떻게 용서한단 말인가? 두 주먹을 불끈 쥐고 용서해서는 안 된다고 몇 번이고 다짐하며 모질게 마음을 먹었으나 "아들아, 내가 그들을 용서했다. 너도 그들을 용서해라, 원수를 사랑으로 갚아라."하는 영음이 들렸다. 이인재는 이 음성을 아버지의 뜻이라 여기며 용서를 결심하게 된다.

그때부터 이인재는 용서를 결심하고 새 힘을 얻게 되었다. 이때 상륙한 해군 백부대는 마을 곳곳에 숨어 있는 좌익분자들과 부역자들을 색출하기 시작했다. 당시 이인재에게도 특별 임무와 권한이 주어졌다. 일가족이 전멸당한 피해자 집안의 유일한 생존자인 데다가 마을 사람들의 존경을 한 몸에 받던 이판일 장로의 하나 남은 장남 이인재는 목포에서 목공예 관련 사업을 하고 있었던 자였다. 그에게 주어진 역할은 공산주의자들의 성분을 가려서 죽이고 살릴 수 있는 생살여탈권을 행사하는 것이었다. 이인재는 막중한 소임을 위임받았다. 이러한 권한을 받은 그는 어떻게 하든지 한 사람이라도 더 살려야겠다는 마음으로 광목을 찢어서 태극마크를 넣어 완장을 만들었다. 이 완장을 차고 있는 자는 살려야 할 사람이고 이 완장을 차지 않으면 죽여도 그만이라는 뜻이었다. 이 완장이 생사가 달려

있는 표식이었다. 참으로 긴박한 순간이었다. 이 소문은 온 마을에 퍼져 나갔다. 기쁜 소식이었다. 죽을 처지의 사람에게는 뜻하지 않는 복음과 같은 소식이었다.

그러나 설마 자기의 가족을 죽인 원수들을 조건 없이 살려준다는 말이 믿기지 않아서 선뜻 나타나지 않았으나 약속대로 살려주고 있다는 것이 알려지면서 너도나도 완장을 받아가기 시작했다. 숨어 지내던 사람들이 완장 얻어야 산다는 생각에 나타나 형님, 동생, 아제 등 친한 사람처럼 얼굴을 바꾸고 웃으며 찾아 왔다. 당시 살려준 자들은 거의 공산주의자들을 도와준 부역자들이었다. 만약 이인재의 마음에 용서가 아닌 미움과 보복심이 있었다면 얼마나 많은 희생자가 났을까? 생각만 해도 끔찍한 일이다. 그의 귓가에 들려온 아버지의 음성, "아들아 내가 저들을 용서 하였으니 너도 용서 하여라" 그 한마디의 영음의 힘은 죽을 사람들을 구해 냈고 죽을 영혼을 살리는 놀라운 힘이 되었다. 사랑의 용서는 용서 받은 자와 용서 해준 자의 후손들의 의해 아름다운 사랑의 이야기로 남았다. 아버지의 순교와 아들의 용서로 임자도의 토양을 바꾸게 된 것이다.

그 아버지와 그 아들

아버지 이판일 장로가 투지와 결단의 사람이었다면 아들 이인재는 사랑과 용서의 사람이다. 아버지는 임자진리교회의 기초를 다지고 그리스도의 섬김을 모범적으로 보여준 자라면, 아들 이인재는 원수를 용서하고 그들을 위해 가산까지 들여 교회를 세워 그들의 영혼을 구원한 사랑의 실천자였다. 임자도 대기리에서 사셨던 정태기 목사는 이판일 장로 부자의 순교와 용서를 통해 임자도에 뿌리내린 그리스도의 사랑이야말로 진정한 부흥의 역사라고 평가한 바 있다. 만일 그때 이인재 목사가 이들에게 보복을 했더라면 임자진리교회는 부흥이 안 됐을 것이다. 이인재 목사가 보복을 하지 않고 원수를 끌어안았기 때문에 교회의 부흥이 이루어질 수 있었다고 했다. 이인재 목사는 오직 주님만 바라보며 아버지의 올곧은 마음을 닮아 우직하리만치 한길로만 걸어갔다. 아버지의 순교영성을 이어 받은 아들로, 부족함이 없는 사랑을 실천 한 자였다. 그의 목회 사역지를 보면 대부분 어렵고 힘든 교회들이거나 건축을 해야 할 교회 들이었다. 그는 스스로 자신을 필요로 하는 어려운 교회를 위해서 연장 메고 찾아가서 기꺼이 수리하는 일도 도와 주셨다. 주님을 사랑하기에 순교의 길을 간 아버지와 주님을 사랑하기에 원수를 용서하고 사랑한 아들의 모습이 닮았다.

사랑으로 역사하는 믿음

임자지역에서 이인재 목사를 존경하고 따랐던 이영택 목사의 추모사 일부를 소개한다. "아무리 아름답고 평안한 바닷가에 살아도 우리는 사람으로부터 마음의 상처를 입게 됩니다. 상처가 너무 아파서 도대체 무엇을 어떻게 해야 할지 몰라 망연히 지내기도 합니다. 내게 상처 준 사람이 떠오르면 마치 불에 덴 사람처럼 머리가 온통 화끈거리고 제대로 숨 쉴 수 없는 지경까지 되기도 합니다. 당신은 아버지와 가족을 한꺼번에 잃은 그 큰불에 데고서도 어떻게 그렇게 평온하게 한 세상을 살 수 있었나요? 원수를 향한 사랑의 그 넉넉함이 어디에서 흘러나올 수 있었을까요? 지난 9월 임자진리교회에서 드려진 임자감찰 순교자 추모예배 때에 아버지와 성도들의 순교 사건을 증언하면서 당신께서는 돌아가신 선친이 그리워서 목이 메고, 이내 눈물을 흘리셨지요. 팔순을 훌쩍 넘긴 당신께서 아버지가 보고 싶어 흘리는 그 눈물은 메마른 우리의 마음에 내리는 푸근하고도 따스한 사랑의 봄비였습니다." 두 부자는 너무도 닮았다. 아버지 이판일 장로는 원수들을 위해 눈물로 기도했고 아들 이인재 목사는 아버지의 사랑을 대물림하여 그대로 실천에 옮겼다.

이인재 목사 40일 금식일기

인천 다락방기도원 40일 금식하면서 주고받은 사람들 명단 이인재 목사 친필

인천의 마가다락방 40일 금식기도(1969.10.1-)

40일간 주고받은 서신명단

발신기. 1969년 10월 4일   1. 이봉성 2. 이근경 3. 조점례

　　　　　　　　　7일   4. 조점례 5. 이성순

　　　　　　　　11일   6. 문병초

　　　　　　　　12일   7. 김종배 8. 김성수 9. 이형삼

　　　　　　　　16일   10. 박정석 11. 이성관 12. 윤우봉

　　　　　　　　20일   13. 조점례 14. 이성순(소포)

　　　　　　　　22일   15. 조봉갑 16. 문창순 17. 조귀태

　　　　　　　　　　　18. 박근식 19. 조미여 20. 권순철

　　　　　　　　　　　21. 김점희 22. 문충남 23. 이응춘

　　　　　　　　　　　24. 김일동 25. 교우일동 26. 이공신

　　　　　　　　　　　27. 정태식 28. 박정술 29. 이복순

　　　　　　　　　　　30. 이성현 31. 주교반사

　　　　　　　　26일 32. 고총무 33. 이총무 34. 이만신

　　　　　　　　　　　35. 장명회 31일 36. 이봉성

　　　　　　　　　　　37. 박정석

　　　　　　　11월 6일 38. 문병초

수신기. 1969년 10월 11일 이근경 13일 이성순 16일 조광호, 이성관.

　　　　　　　20일 이성현, 조윤택.

　　　　11월 21일 조광호.

　　　　11월 29일 이성관, 이성현(동봉) 30일 윤우봉.

1969년 10월 1일

1969년 10월 1일 수요일 밤. 마가의 다락방 기도원 집회 때 박장원 목사님과 신현균 목사님의 설교 때 많은 은혜를 체험했다. 예배 후 산에 올라가 숲 사이에 꿇어 앉아 간절히 기도할 때 지난날의 잘못된 점이 마음에 복받쳐 한없이 울었다. 특히 내 가정 식구들에게 잘못한 것이 한없이 원망스러웠다. 시간은 밤 12시경이었다. 마침 그때에 바로 내가 있는 그 아래에서 한 청년의 찬송소리가 나기 시작했다. 조금 후에 그는 열심히 방언기도를 계속한다. 나는 그 방언기도 소리를 들을 때 은근히 부러웠다. 과거에는 내가 다른 사람들의 방언하는 것을 주시하고 비난했는데 왜 이제는 다른 사람의 방언하는 것을 부러워하며 나도 하고 싶은지 알고도 모를 일이다. 나는 그 청년의 방언기도 소리를 들으며 부스럭 나무숲을 헤치며 서서히 하산을 시작했다. 내가 내려오느라고 부스럭거리는 소리가 나자 그 청년은 더 열심히 큰소리로 기도를 한다. 내가 추측하기는 아마 무슨 귀신이라도 난 줄로 오인하고 '사단아 물러가라'고 기도하는 모양이다. 그대로 하산하며 침소에 와 보니 시간은 밤 12시 30분이었다. 찬마루 바닥 위에 작은 요 하나를 깔고 가시론 엷은 이불을 덮고 누우니 좀 찬 기운이 몸에 감돈다. 그러나 앞으로 40일을 금식기도를 할 자신이기 때문에 그것쯤이야 별것이 아니라고 생각이 되었다.

10월 2일 목요일 제1일째

오늘밤 11시가 넘어 산에 올라가 소나무를 부러트리며 나무뿌리를 뽑아 가며 결사적인 기도를 할 때 십자가지신 주님이 바로 내 무릎 앞에 나타나시었다. 3, 4년 전부터 계획했던 금식기도는 비로소 금일에야 성취하였다. 나는 오늘 아침에 소금물 한 컵을 마시고 조반을 대신하였다. 역시 점심도 저녁도 같은 방법이었다. 그러나 새벽부터 오전과 밤, 3회에 걸쳐 기도원 원장이신 박장원 목사님과 금번 집회 강사이신 신현균 목사님의 설교를 통해서 심신에 많은 만족을 가지게 되니 배고픔을 느끼지 않았다. 밤 예배를 마친 다음 일제히 등산하며 산천이 떠나가게 기도가 시작되었다. 내 자신도 일생에 처음으로 큰소리로 기도를 드리게 되었다. 과거의 모든 것을 회상할 때에 한없는 눈물이 쏟아졌다. 이렇게 눈물 흘리며 기도하기도 처음 같았다. 내 주위에 있던 풀뿌리는 뽑히었고, 마침 내 앞에 6, 7년생 소나무가 있었다. 나는 그 소나무를 부여잡고 씨름을 하였다. 마침 이 나무가 뽑히기 전에 끌텅에서 한 뼘을 올라와 부러지고 말았다. 부러진 소나무를 부둥켜안고 하는 결사적인 기도는 마치 얍복강 너울에서 천사와 씨름하던 야곱의 심정이었다. 이렇게 기도할 때 원장 목사님과 강사목사님들은 기도하는 수백 명을 한사람씩 차례로 안수해 온다. 마침내 내 차례가 되었다. 내가 알기는 신현균 목사로 인정되었다. 그러나 그는 나를 몰랐을 것이다. 내 머리에 한 손을 얹고 한 손은 등에 대고 방언으로 기도하는데 내 등허리는 따스한 기운이 감돌았다. 이것을 가리켜 불의 은혜를 받았다고 하는 모양이다. 기도원 규칙이 밤 12시까지 기도시간인데 숙소에 돌아와 보니 새벽 1시 30분경이었다.

10월 3일 금요일 제2일째

오늘 아침도 일어나 일찍부터 은혜를 갈망했다. 전후좌우에 남녀노소가 있는 힘을 다하여 유창하게 기도들을 한다. 나 자신도 있는 힘을 다하여 소리 높여 간절한 심정으로 부르짖었다. 전후좌우에 남녀노소가 방언들을 하고 입신들을 하며 가지각색별로 언행들이 나타났다. 내 자신도 첫째 방언을 좀 해 보려고 무던히 애쓰고 노력을 해 보았으나 도무지 되지를 않는다. 이제는 일편 실망도 되었다. 그러나 남은 기간을 기다려 보는 희망이 있다. 오후 시간과 밤 집회가 마지막으로 끝났으나 여전히 방언은 터지질 않는다. 그러나 광고시간에 박장원 목사님의 말씀이 일반성도들은 산으로 올라가고 교역자만 목사관으로 모여서 은사집회를 하자는 것이다. 이 말씀에는 구미가 당기었다. 이번에는 방언이 터지겠지 하는 희망이 생겼다. 목사관으로 내려가 보니 3, 4명을 선두로 하여 계속하여 몰려들어 남녀 교역자 20여 명이 회집하였다. 그동안 한 장소에서 예배를 드렸지만 서로 인사도 없다가 비로소 이 장소에서야 각자 차례대로 자기 주소와 성명을 밝히며 인사들을 한다. 성결교회 교역자는 서울에서 목사 1인, 칠보산 기도원 때 노재홍 목사, 그리고 나였다. 그러나 이날 밤 이 좌석에는 나 혼자였다. 조금 후에 박장원 목사님과 신현균 목사님이 입장하셨다. 신 목사님이 잠깐 예배 인도 후 좌중이 열심히 기도하는 중 안수를 한다. 그러나 여전히 방언은 그림자도 보이지 않는다. 역시 다른 사람들도 내가 알기로는 여성도 2인과 남자 중에 몇 사람만 방언을 하였다. 나는 주일 아침 마지막 시간을 한 번 더 기다리기로 하고 침소에 들었다. 시간은 12시였다.

10월 4일 토요일 제3일째

오늘 새벽을 기해서 금번 집회는 끝났다. 아침 6시 40분경 의외로 조광호 집사가 눈앞에 나타났다. 나는 깜짝 놀랐다. 가슴이 멍했다. 현관 2

층 내 침소로 같이 올라가 잠깐 소식을 듣고 그냥 헤어졌다. 대단히 섭섭했다. 모든 사람들은 짐을 꾸려가지고 제각기 갈 곳을 향하여 대절한 차에 탑승한다. 꿩 떨어진 매 마냥으로 나 혼자 외로이 남았다. 일편 생각하니 쓸쓸하고 허전하여 외로운 마음 금할 길 없다. 오늘 새벽까지도 방언을 받아보려고 심히 애써보았으나 결국 목적을 이루지 못하였다. 그러나 한 가지 위로받고 감사한 것은 근 천 명 중에 내가 제일 큰 은혜를 받은 것 같이 자부하게 되었다. 그것은 많은 사람 중에 나 혼자만이 아무나 할 수 없는 40일 금식 기도를 할 수 있는 능력을 얻은 것이다. 나는 하나님 앞에 진심으로 감사의 기도가 나올 뿐이다. 오늘 아침에 소금물 한 컵 마시고 기도하고 성경 보고 찬미하는 순간 어느덧 서산에 해는 저물었다. 어두움은 온 지면에 깃들었다. 특별히 오늘은 19년 전 6.25 때 우리 조모님과 부모님 그리고 숙부모님과 동생들이 주의 이름으로 순교하신 날이다. 내 아내는 오늘도 추모식을 위하여 무엇을 준비하여 가지고 이 시간도 성도들과 한 자리에서 추모식 예배라도 드리는지 심히도 궁금하다. 나는 하오 9시 경에 남쪽을 향하여 무릎을 꿇고 앉아 묵념을 하고 성경 살전 4:13-18절을 봉독하고 가족들을 추모하며 간절히 기도를 드리고 찬송가 505, 508, 503, 502장을 계속 부르고 주기도로 추모예배를 마쳤다.

10월 5일 일요일 제4일째

오늘은 10월 첫 주일이다. 마가의 다락방 제단에서 남녀, 불과 10여 명이 모여 전도사님의 인도하에 예배를 드렸다. 몸은 비록 타지 여기 마가의 다락방 기도원에 있지만 마음은 압해제일교회에 있다. 직접 육안으로 보이지 않으나 심안으로 성도들의 예배드리는 모습이 뚜렷하게 보였다. 멀리 나뉘어 있지만 피차 기도로서 상통한 줄 믿는다. 과연 오늘은 몇 사람이나 모여서 예배를 드리는지, 누가 나오고 누가 못나왔는지 심히 궁금하다. 누가 설교를 했으며, 주일 학교 반사는 누구누구가 나와서 인도했는지, 주일 학생은 몇 명이나 나왔는지 두루 궁금하다. 예배를 마치고 내 침소에 올라와 소금물 한 컵을 마시고 기도하다 성경보다 찬송하다가 보니 어느새 해는 지고 어두워졌다. 제단에서 찬송소리가 나서 내려가 보니 4, 5인이 모였을 뿐이다. 예배 인도자가 없이 찬송하다 기도하다 해가 져서 각각 처소로 향하였다. 처소에 들어와 기도와 찬송으로 시간을 보내다가 싸늘한 마루 바닥위에 펴져있는 얇은 요 위에 누우니 새우잠이 알맞다. 자다가 깨어보니 희미한 조각달은 유창 간으로 비친다. 시계를 보니 시간은 새로 두 시경이었다. 일어나 기도를 드리고 찬송을 부르다가 조금 누웠다. 일어나니 날이 환하게 밝아 버렸다.

10월 6일 월요일 제5일째

오늘도 새벽 일찍부터 일어나 기도를 드리고 찬송을 부르며 하루의 일과가 시작되었다. 오늘 특히 우리 전남지방회 교역자들이 목포에서 모이는 날이다. 몸은 이곳에 있으나 정신은 동참이 된다. 배를 타고 나와 서로 얼굴을 대하며 앉았을 모습들이 눈에 환하다. 역시 감리교회에서도 인천 서부지방 교역자들이 이곳 다락방 기도원에 모여서 한 3일간 기도회가 시작되었다. 그러나 많은 수가 참석지 못하고 불과 10여 명이 모일 뿐이다. 나는 특히 오늘부터 성경을 많이 읽기로 결심하고 (신약) 로마서 10-16까지 (구약) 창세기 1-40장까지 합하여 47장을 읽게 되었다. 하루에 이렇게 읽어 보기는 일생에 처음인 것 같다. 어언간 해가 지고 밤이 깊어 12

시에 자리에 누우니 잠이 오지 않아 새로 1시경에 잠이 들었던 모양이다.

10월 7일 화요일 제6일째

　성경전서 구약 창 41-50장, 신약 고전 1:16-고후1:13. 오늘도 여전히 날씨는 청명하다. 하루하루 가을이 재촉하니 들에 곡식들은 황금색으로 변해지고 산내에 목초들은 한 잎 두 잎 낙엽이 지고 있다. 오늘 하나님께서는 여전히 힘 주셔서 새벽 4시에 일어나 기도하고 찬송하며 오늘의 일과가 시작된다. 오늘도 감리교 교역자들이 하나 둘씩 모여든다. 밤에 보니 한 20여 명이 집결되었다. 밤에는 박장원 목사님이 설교를 하셨다. 예배 후에 나는 산으로 올라가 7, 8년생 소나무 한그루를 부여잡고 기도를 시작하였다. 오늘이 금식한 지 6일째인데 어디서 힘이 생기는지 기도가 힘차게 나온다. 나무를 부여잡고 매달렸더니 나무가 당장에 부러지고 만다. 부러진 나무를 그대로 움켜쥐고 계속해서 기도하다가 찬송을 부르다 또 기도하다가 찬송 부르다 끝마치고 내려와 보니 밤 11시가 지났다. 또 성경을 읽다가 잠시 후에 잠자리에 누웠다.

10월 8일 수요일 제7일째

　구약 출 1-32. 금일 새벽 기도회와 오전 감리교 서부 교역자 지회 역시 밤 삼일 노회도 참석하여 박장원 목사의 설교에 은혜를 받았다. 오늘 오후 집회를 마치고 기도원 뒷산에 제일 높은 산봉에 올라가 기도를 드리고 찬송을 부르며 하나님의 자연의 솜씨에 감탄하였다. 동서사방을 바라보니 높고 낮은 산들과 오곡백과들도 무르익는 넓은 들판, 동으로는 부평이요, 서쪽으로는 인천시가 눈 아래 보이고 인천시를 지나보니 망망한 황해바다이다. 저마다를 타고 내려가고 내려가면 내가 살고 있는 압해도에 내 가족과 내가 받드는 교회와 성도들이 있을 것이다. 아~ 앞으로 33일만 지나면 나의 목적을 이루어 가지고 가서 기쁨으로 대하리라. 오~ 주여, 남은 기간 승리롭게 마치고 기쁨으로 돌아갈 수 있도록 힘주시고 능력을 주시사 승리의 개선가를 부르도록 끝까지 역사하여 주시기를 기도하나이다.

10월 9일 목요일 제8일째

구약 출 33-40, 레 1-27. 신약 갈1-6. 오늘 새벽에도 박장원 목사님의 설교에 은혜를 받았다. 오후로는 감리교 서부교역자들은 다 각기 자기 갈 곳으로 해산되고 자신은 외로이 남아있다. 오늘은 신, 구약 41장을 봉독하고 오후 6시경에 인천 학익 감리교회 김형태 강사 집회 때 참석차 탑승하여 동인천으로 나가 차를 갈아타고 학익동 시장 앞에 내려서 교회 가서 보니 7시 30분경이었다. 한참 동안 찬송과 준비 기도를 한 뒤에 신효익 목사의 기도로 예배가 시작되었다. 강사가 히 11:1을 봉독하고 선진들의 믿음에 대한 설교에 대중은 큰 은혜를 받다. 예배를 마치고 나와 학익 시장에서 샘표 간장 1병을 사가지고 석남동 다락방 기도원에 와서 보니 밤 11시였다. 간장 물을 타서 조금 마시고 잠자리에 들었다.

10월 10일 금요일 제9일째

구약 민 1-36. 신약 엡1-6, 빌1-4. 어제 밤에 학익동 예배에 참석하고 밤늦게 돌아와 보니 닭털 침구 하나가 내 침소에 있어서 춥지 않게 잘 잤다. 아침에 일어나 보니 윗부분이 어찌나 더럽던지 그 더러운 곳만 세탁하여 말렸다. 그리고 소금물 먹기가 어찌나 어렵던지 어제 밤에 학익동 시장에서 샘표 간장 1병을 사가지고 와서 오늘부터 간장 두 숟갈 정도를 물 한 컵에 섞어서 마시기 시작했다. 소금보다는 먹기가 훨씬 용이하다. 오늘은 날씨가 굉장히 추웠다. 마침 김 전도사께서 곤로를 주어서 난로로 사용하여 피우고 추위를 조금 면했다. 그러나 곤로가 아주 고물이 되어서 형편이 없다. 그래서 내일 날만 새면 고치기로 했다.

10월 11일 토요일 제10일째

구약 신 1-20. 오늘도 새벽 3시경에 일어나 기도드리고 찬송 부르고 일과가 시작되었다. 오늘은 날씨가 대단히 따스했다. 어제 계획했던 곤로 수선에 착수했다. 보니 심지를 조종하는 쇠가 부러져서 고치기에 불가능하였다. 그러나 본래 소질 있는 솜씨라 철사 두어 자 가지고 거든히 고쳤다. 고친 다음 심지를 조종하고 더러운 부분을 잘 닦아 깨끗이 해서 침소에 가져다 놓고 보니 남의 2만 원짜리 난로 부럽지 않다. 반면에 신기한 점은 곤로를 막 손대려 하는 찰나에 엽서 한 장이 날아왔다. 받아보니 이근경 목사님이 보낸 서신이었다. 내용인즉 당신이 40일 기도한 경험담이었다. 그 내용은 10일까지가 제일 어렵고 10일이 지나면 20일까지는 배고픔도 모르고 밥 먹고 싶은 생각조차 없고 20일이 지나서 30일까지가 조금 어렵고 30일이 지나 40일까지는 가능하다고 한다. 그런데 나는 지금까지 오늘이 10일째인데 아무 어려움도 느끼지 않았다. 이 말을 듣고 나니 더욱 자신이 생겼다. 그런데 지금까지 나는 찬물을 먹었는데 물을 좀 끓여서 마시라는 것이다. 곤로를 고치면서 하나님의 은혜에 감사했다. 속담에 들으면 복이 되고 안 들으면 약이라는 말과 같이 그동안 찬물로도 어려움 없이 지났는데 이 소리를 듣고 나니 찬물이 싫어졌다. 이 사람을 미리 하나님께서 아시고 곤로를 주셨다.

10월 12일 일요일 제11일째

구약 신 21-34. 오늘은 10일 둘째 주일이다. 새벽 2시에 일어나서 기도와 찬송을 드리고 내가 받들어 섬기는 압해제일교회와 성도들이 모여서 기도하는 모습을 그려보았다. 이 주일 아침부터 밤까지 시간시간 한사람도 빠짐없이 모여서 예배드리고 은혜 받기를 위해서 간절히 기도 드렸다. 오늘 아침에 일찍이 기도원을 관리하는 김 전도사가 내 방에 올라와서 말하기를 오늘 오전 예배 설교를 해달라고 하는 것이었다. 지난 주일에도 요청하는 것을 거절하였는데 오늘 또 사양할 수가 없어서 승낙하였다. 딤전 3:5-13절 말씀을 가지고 기도원에서 일보는 몇 사람을 중심으로 해서 충성된 일꾼이라는 제목으로 설교했는데 청중은 은혜들을 받는 모양이었다. 오늘 본 교회에서는 오전과 오후에 몇 사람이나 모여서 예배드렸는지 궁금하기 짝이 없다. 오~ 주여, 일가월중 부흥되어 이 종이 가기 전에 차고 넘치기를 간절히 기원하나이다.

10월 13일 월요일 제12일째

구약 수 1-24. 신약 골 1-4, 살전 1-5. 오늘 새벽에는 지금까지 느끼지 못한 피곤이 나를 엄습하였다. 아침에 일어나 세수를 할 기력이 나지 않아 오후 3시경에야 세수를 하였다. 어제 까지도 자신만만했던 내가 오늘은 기가 죽어서 앞으로 28일을 생각하니 아득하고 실망과 낙담이 깃들었다. 공연히 시작한 것 같았다. 이것이 일시적인 시험인데 육신이 참으로 이렇게 감각이 약해져 버리는지 참으로 답답하였다. 이제는 기도하기도 힘이 들고 찬송 부를 힘도 나지 않고 성경 읽기도 힘이 든다. 오후 1시경 힘을 다해서 높은 산으로 올라가 기도하고 찬송 부르고 돌아보니 조금 힘이 나는 듯싶다. 오후에는 의외로 성순이로부터 소포가 붙여 왔다. 뜯어보니 스웨터와 상하 내의였다. 그 속에 편지가 있기에 읽어보았더니 본 제단 성도들이 잠을 자지 않고 밤새워가며 이 종을 위하여 기도한다는 사연이 기록되어졌다. 나는 사연을 읽고 즉시 하나님께 감격의 기도를 드리며 한없이 눈물을 흘렸다. 여기에서 잃었던 힘을 다소 보충하였다.

10월 14일 화요일 제13일째

구약 삿 1-21. 오늘도 새벽 2시부터 한날의 일과는 시작되었으나 과거에 비해서 대단히 피곤했다. 제일 애로가 되는 점은 날이나 밤이나 잠이 오지 않아 더 피곤함을 느끼게 된다. 그리 되니 시간은 오후 2시경에 이르렀다. 바람을 쐬려고 밖에 나가 기도원 관리하는 김 전도사와 그 외 몇 분과 이야기를 하고 있는데 아래를 내려다보니 남녀가 침구를 들고 올라온다. 점점 가까워 바라보니 알 듯한 사람들이었다. 대면하고 보니 윤택 처남 내외였다. 외롭던 차에 반가웠다. 침구와 스웨터 그리고 내의를 가져다주어서 안심이 되었다. 겸하여 일용금도 다 떨어져 걱정하였더니 일금 1,000원을 주고 그 외 치약, 비누 기타 일용품까지 사 주어서 큰 도움이 되었다. 두 분이 잠깐 다녀간 것이 내게 큰 힘이 되었다. 할렐루야! 하나님 은혜, 감사와 영광을 돌리나이다.

10월 15일 수요일 제14일째

구약 룻 1-4. 삼상 1-31. 신약 살후 1-3, 딤전 1-6. 오늘 아침 새벽에도 1시 30분경에 일어나 일과가 시작되었다. 기도와 찬송을 드리고 구약 룻기서로 시작해서 사무엘상 전장을 읽고 신약은 데살로니가 후서로 시작해서 디모데전서를 다 읽었다. 오후에는 박장원 원장 목사님이 내원 하셔서 잠깐 만나 보았다. 오늘은 일찍이 이불을 내어다가 일광소독을 시키고 청소도 정결하게 하였다. 오후 4시경에는 문득 내게 지시가 온다. 이제 교회에 돌아가면 기도실을 설치하고 화요일 저녁과 목요일 저녁과 토요일 저녁 이렇게 일주간 동안에 3일 저녁은 기도실에서 밤을 세워가며 특별히 기도할 것에 대한 지시가 내 마음에 떠올라서 기도실 위치, 모양을 설계도 해 보았다. 이제 내가 기도를 마치고 돌아가면 과거에 하지 못했던 기도를 좀 더 많이 하기로 새로운 결심이 생겼다. 또는 성경도 좀 더 많이 읽기를 각오하였다. 오늘밤은 삼일 기도회다. 몸은 인천에 있으나 마음은 신안군 압해면 대천리 제일교회 강당에 가 있었다. 몇이나 모여서 예배를 드리는지 또는 설교를 하는지 육안으로 직접 보이지 않으나 심안으로 함께 보인다. 오~ 주여, 저들에게 큰 은혜가 임하시기를 주님의 이름으로 기도하나이다. 할렐루야! 아멘.

10월 16일 목요일 제15일째

구약 삼하 1-24. 신약 딤후 1-4, 몬1, 히 1-13, 약 1-5, 벧전 1-5, 벧후 1-3, 계 1-22. 오늘도 새벽 2시경에 일어나 기도드리고 피곤을 느끼면서도 오늘은 성경도 제일 많이 봉독했다. 구약 24장을 읽고 신약 24장을 읽었다. 하나 3시경 의외의 서신이 두 장이 왔다. 한 장은 조광호 집사로부터 왔는데 내용을 보니 타사 고사하고 본 제단에서 성도들이 새벽과 밤 8시에 모여서 기도회를 한다는 소식은 즐거운 일이 아닐 수 없다. 또는 교회 식초를 위해서 많은 수가 나와서 수고를 했다는 소식을 들을 때 멀리 있는 나로서는 감개무량했다. 나는 편지를 보고 즉시 무릎을 꿇고 하나님께 기도드렸다. 성도들의 수고가 헛되이 사라지지 않기를 위해서 그 대가를 하나님께서 갚아 주시기를 기원했다. 또 한 장은 우리 아들 성관의 편지였다. 내용인즉 모두 평안하고, 특히 제 매형이 직장을 따라서 타지로 가고 제 누나가 저희들과 같이 있게 되었다는 것이다. 범사를 하나님 뜻인 줄 알고 감사할 뿐이다.

10월 17일 금요일 제16일째

구약 왕상 1-22, 왕하 1-25. 오늘 아침에는 내의를 전부 갈아입고 오전에 벗은 내의를 세탁하였다. 너무나 이 모양 저 형식으로 무리한 탓인지 후두에 이상이 생겨서 침 삼키기가 아주 곤란하다. 오늘밤은 오일 예배인데 어느 집에서 예배를 드리며 누가 예배인도는 하며 남녀 간에 몇 명이나 모였는지 궁금하다. 오늘밤도 성도들이 이 종을 위하여 합심해서 기도하는 것을 생각하니 감개무량하다. 이곳 기도원에 출석하는 신자 댁에서 오늘밤 오일 속회 예배를 인도해 달라고 요청하는데 몸도 좀 피곤하고 인후에 이상이 있어 찬송하기도 거북해서 사양하고 말았다. 보내 놓고 생각하니 어찌나 마음이 아픈지 몰랐다. 오늘은 구약 열왕기상하 전 47장을 봉독하고 자리에 누워 버렸다.

10월 18일 토요일 제17일째

구약 대상 1-29. 오늘도 날씨는 매우 따스했다. 아침부터 역대상을 다 봉독하고 오후 2시경에 윤우봉 목사와 박정석 목사와 성관이에게 편지를 써가지고 이발도 할 겸 인천 시내에 나가서 이발을 하고 잉크와 봉투 기타 일용품을 사가지고 돌아오니 오후 5시경이었다. 특히 오늘 내일 성일을 준비하는 토요일인데 어느 집사님 둘이 심방을 하시는지 궁금하다. 내일 성일 때 한사람도 빠지지 않고 다 나와 하나님께 예배드리고 은혜 받기를 간절히 기도드릴 뿐이다.

10월 19일 일요일 제18일째

신약 마1-28. 오늘은 거룩한 성일이다. 내 본 제단이 그리워진다. 주일학교는 누가 인도하며 낮 설교와 밤 설교는 누가 인도하였으며 오전과 오후에 몇 사람씩이나 나와서 예배를 드렸는지 궁금하다. 오늘은 좀 피곤도 느끼고 인후에 고난이 심해서 찬송도 크게 부르지 못하고 기도도 크게 못하였으며 오늘은 많이 누워서 지냈다. 그러나 피곤을 억제해 가면서도 성경은 마태복음 1장에서 28장을 봉독하다.

10월 20일 월요일 제19일째

　구약 대하 1-36. 신약 막 1-16. 지난밤은 인후염으로 인하여 찬송과 기도도 소리 내서 하기가 어려웠다. 그러나 12경과 새벽 3시경에도 일어나 기도를 드리고 아침 5시에 기상 기도를 드리고 오늘 아침에는 숙소의 대청소를 하고 내 안식구와 성순이에게 편지를 써 놓고 마침 김 군이 시내에 나가기에 그 편으로 부쳤다(오전 12시 30분경). 그리고 마가복음을 읽고 조금 있노라니 밖에서 알만한 음성이 들린다. 내다보니 윤택이 처남이었다. 반갑게 맞이하여 서로 이야기하고 있노라니 윤석이가 며칠 전에 한 편지와 성현이가 부친 편지가 도착되었다. 성현이 편지를 뜯어보니 그렇게 반가운 소식은 아니었다. 처남이 한참 앉아 놀다가 하오 3시경에 귀가하였다. 가고 난 다음 역대하를 읽기 시작하여 1-36까지 다 읽고 나니 하오 8시경이었다.

10월 21일 화요일 제20일째

　구약 에스라 1-10, 느헤미야 1-13. 신약 눅 1-24. 오늘도 날씨는 매우 청명한 날씨이다. 일찍부터 눅1-24장까지 읽고 오전 10시경이었는데 밖에서 알 듯한 음성이 들린다. 내다보니 광호 집사였다. 의외에 각종의복을 손수 들고 왔다. 반가이 맞아 잠깐 한담하고 12시경 서울로 향발하였다. 떠난 뒤로 내 침소에 들어와 무사히 목적지에 도착되기를 기도드렸다. 오후에 1시경 에스라서와 느헤미야서를 다 읽고 나니 일고했다. 하오 7시경부터 기도를 시작하여 내 자신을 위하여 내 가족을 위하여 우리 성도들 가정과 개인 한 사람 한 사람을 들어서 기도하고 내 골육친족과 전남지방과 동족을 위시하여 교우들을 위하여, 총회와 세계구호위원회와 선교부, 동양선교회, 신학교 각 기관을 위하여 이 국가민족을 위하여 정치가들을 위하여 전례를 따라 여전히 기도드렸다. 오늘이 40일의 반인 20일째이다. 시작이 반이란 말과 같이 이제 앞으로 남은 20일은 가소롭게 생각이 된다. 이 밤도 내 식구들과 성도들이 주의 사랑의 품에 편히 안보되기를 기도한다. *어제 밤 꿈에 주낙윤이와 싸운다고 나가는데 자기 자신의 도끼로 목을 쳐서 부상을 입고 나는 손대지 않고 승리. 새 운동화를 신고.

10월 22일 수요일 제21일째

구약 에스더 1-10. 신약 요 1-21. 오늘은 그동안 서신 전할 만한 곳에 차일피일 못 전한 곳에 편지를 쓰다 보니 열한 군데나 쓰고 나니 손가락이 시어서 더 쓰지를 못했다. 발신처를 여하하다. 조봉갑 씨, 문창순 씨, 조귀태 씨, 권순철 씨, 김점희 문충남 박근식, 이응춘, 조미여, 교우 일동, 김일동 이상이다. 오늘 성경 읽는 중 에스더서에서 많은 은혜를 체험하였다. 남자비, 내자비라고 하만이 모르드개를 죽이려 세워 놓은 나무에 자기가 달렸고 유대 민족을 전멸하려고 모사한 것에 자기 백성과 자기자식 열 아들을 다 죽인 것이다. 특히 이렇게 된 것은 에스더의 금식기도의 결과였다. 기도의 위력이 얼마나 크다는 것을 가히 알 수가 있었던 것이다. *오늘 밤 새로 한시 경 마귀와 더불어 싸워 승리의 꿈을 꾸고 나도 모르게 일어나 기도드리고 박수를 하며 찬송을 무려 10여곡을 힘차게 불렀다. 어찌나 마음이 상쾌하던지 날 것 같았다.

10월 23일 목요일 제22일째

구약 욥 1-42. 지난밤은 승리의 꿈을 꾸고 새 힘이 생겼다. 밤 새로 1시경 꿈을 꾸고 그대로 일어나 기도와 찬송으로 날을 새웠다. 참으로 기분이 상쾌하였다. 오늘은 아침부터 어제 쓰다가 다 못 썼던 편지를 계속했다. 이공신 목사와 이성봉, 정태식 목사와 이복순 형님, 박정열 선생, 주교반사 이상 육 개 처이다. 어제 쓴 것과 오늘 쓴 17통을 가지고 인천 시내에 가서 부치고 하오 4시경에 도착하여 오전에 읽다 중단한 욥기서를 마지막 장까지 다 읽고 시편 20편까지 읽고 잠시 동안 기도드리고 휴식하였다. 다시 새로 1시 10분경에 일어나 약 한 시간 동안 기도와 찬송을 부르고 시편을 계속해서 읽다가 보니 3시가 되었다. 잠깐 누웠다가 4시 30분에 다시 일어나 한참 동안 기도드리고 찬송을 부른 다음 독경하기 시작 그대로 날이 밝았다.

10월 24일 금요일 제23일째

구약 시 1-150, 잠 1-20. 금일은 성경을 제일 많이 읽었다. 그 중에 잠언을 읽는 가운데 많은 은혜를 받았다. 성경을 읽으면서도 '아멘'으로 화답을 하면서 읽었다. 오늘밤은 오일속회 예배일인데 어느 댁에서 누가 인도를 했으며 몇 명이나 모여서 예배를 드렸는지 심히 궁금하다. 요즈음은 특히 농번기에 접어들어 심히 분주한 시기일 것이다. 그러나 하나님 앞에 모여서 예배 아니 하여 신앙에 지장이 없기를 멀리서 기도하는 이 심정을 하나님께서 들으시고 어떤 사람과 같이 모이기를 폐하지 말고 그날이 가까움을 볼수록 피차 권면하여 모이기를 힘쓰는 성도들이 되기를 바라는 마음 간절하다. 오늘도 좋은 날씨에 하나님의 도우심으로 무사히 한 날이 또 저물었다. 이 밤도 내 가족식구들과 골육친척들 그리고 우리 성도들 가정에 마귀 틈타지 않고 우환질고나 어려운 시험 없이 주님의 사랑의 날개 아래 편히 쉬기를 주님의 이름으로 간절히 기도드리며 휴식하였다.

10월 25일 토요일 제24일째

구약 잠 21-31, 전 1-12, 아 1-8, 사 1-20. 어언간 오늘이 성일을 예비하는 토요일이 되었다. 오늘도 내 안식구와 집사님들이 심방을 할 것인데 농번기니 바빠서 누가 나와서 심방을 하는지 심히 궁금하다. 어제 밤은 유달리 잠이 오질 않아 밤 12시 50분에 일어나 기도드리고 잠언 21장으로 마지막 장까지 읽고 보니 새로 3시에 이르렀다. 잠깐 누웠다가 4시 반에 다시 일어나 기도를 드리고 아침 6시에 이르러 잠깐 누워 꿈을 꾸고 나니 마음이 상쾌치가 않았다. 힘이 떨어지고 입맛이 싹 변한다. 그래서 오늘은 성경 읽는데도 취미가 나지 않아 그렇게 많이 못 읽었다. 오후에 속옷과 수건, 그리고 양말을 세탁해 널고 겨우 오전에 전도서와 아가서를 읽고 오후에는 이사야서를 7장까지 밖에 못 읽었다.

10월 26일 일요일 제25일째

구약 사 21-66, 렘 1-2. 오늘은 거룩한 성일이다. 지난밤도 12시 50분부터 일어나 기도와 찬송으로 시작하여 성경말씀 봉독하기에 열중하였다. 오늘 새벽에도 본 제단에는 몇 사람이나 나와서 기도의 제단을 쌓은

지 궁금하다. 또는 주일학교 시간에는 어느 반사들이 나와서 지도하는지 또는 오전 예배는 누가 인도했으며 몇 사람이나 나와서 예배 드렸는지 요즘은 농번기에 접어들어 대단히 분주한 시기라서 성도들이 예배하는 데도 지장이 있으리라. 그러나 지장을 받지 않고 열심, 충성하기를 하나님께 기도할 뿐이다. 나는 오늘 특별히 총회 총무 이 목사님께와 구호위원회 총무 고 장로님께 요구 조건의 서신을 발송했다. 주님의 이름으로 구하면 반드시 주심 믿고 기도중이다. 꼭 이루어지기를 바라 마지않는다. 그 외에 장명회 동서와 이만신 목사님께 서신을 내고 언제인가 한번 기회를 내서 부디 교회 집회해 줄 것을 요청했다. 무슨 답이 올 것인지 기대된다. 오늘 밤 예배에도 본 제단이 그리워진다. 성도들이 모여서 예배하는 모습이 눈앞에 그리어졌다.

10월 27일 월요일 제26일째

구약 렘 3-52, 애 1-5. 오늘도 새로 1시가 좀 넘어서 일어나 기도와 찬송을 부르고 오늘의 일과가 시작되었는데 낮참에는 내복부에 지금까지 없었던 이상이 생기면서 처음에는 위에서 가벼운 통증이 생기더니 다음에는 아래 장으로 내려와 그리 심한 통증은 아니나 하찮았다. 조금 누워서 생각하니 이것이 일종의 시험이 아닌가 생각하며 즉시 일어나 기도를 드리는데 기도가 끝나기 전에 통증이 잠시 사라지고 그 후로는 일절 나타나지 않았다. 마귀가 잠시 시험해 보려고 했던 모양이다. 나는 하나님께 한없이 감사했다. 오늘이 월요일. 앞으로 일주일 후 다음 월요일에는 내 안식구가 나를 향하여 출발하겠지. 그동안 아무 연고 없기를 바라며 부디 무사히 도착되기를 하나님께 기도했다.

10월 28일 화요일 제27일째

구약 겔 1-48, 단 1-12. 오늘도 에스겔서와 다니엘서를 읽는 가운데 많은 은혜를 느꼈다. 하나님 말씀은 읽을수록 깊은 은혜가 있다. 오늘 오후 2시 30분경에 뒷산에 올라가 사방을 바라보며 내려가고 내려간 김에 남쪽으로 눈앞에 보이는 동리까지 내려가 당분을 약간 사가지고 돌아왔다. 오늘이 벌써 화요일 앞으로 일주일 다음 화요일 날은 내가 기다리는 안식구가 내게로 도착되겠다. 그날이 한없이 기다려진다. 그동안 그립던 얼굴을 상면할 것과 내 가정 소식 그리고 교회 소식을 들을 것을 생각하니 즐거운 마음 한이 없다. 어제와 오늘은 너무 원기 약해졌는지 앉았다 일어나면 눈이 캄캄하고 어지러워 잠시 정신이 멍하다.

10월 29일 수요일 제28일째

구약 호 1-14, 암 1-9. 신약 마 1-28, 막 1-8. 오늘 날씨는 매우 청명한 날씨다. 기도원 뒷산에 올라가 앞들을 바라보니 논에 나락이 다 베어져 있다. 세월이 참으로 빠르다. 전답에 곡식들이 아직 새파랄 때 올라왔는데 벌써 무르익어 중추가절에 이르러 추수기가 다 끝나가니 어제와 같은데 벌써 내가 집을 떠난 지가 일개월 하고도 5일이 되는 모양이다. 오늘은 또한 삼일기도회 예배시간이 다 되어 간다. 본 제단 성도들 오늘도 논과 밭에서 해가 지는지 모르고 일들하고 저녁 밥 먹기가 바쁘게 교회를 향하여 모여 예배를 드릴 것이다. 오늘 밤에는 누가 설교를 맡았는지 하나님의 능력이 같이 하시기를 기원하오며 사랑하는 성도들 한 사람 빠짐없이 다 나와서 예배드리고 은혜 받기를 축원하나이다.

10월 30일 목요일 제29일째

신약 막 9-16, 눅 1-24, 요 1-8. 오늘 아침에는 일어나 보니 안개가 가득 끼어 지척을 분별하기 어려울 정도로 캄캄하였다. 그래서 그런지 몸이 몹시 무겁고 피곤하다. 어제 오늘은 그 전에 없던 증상, 앉았다 일어나면 눈이 캄캄하고 어지러워 쓰러지려 한다. 밖에 나갔더니 청년이 보더니 요사이 목사님이 많이 약해진 것 같다고 한다. 그러나 그 반면에 이곳 주재 김 전도사 사모님은 보더니 목사님 금식하는 분 같지 않다고 한다. 그러면서 목사님은 참 희생적이라고 한다. 마침 때가 점심 때이다. 청년들이 있는 방을 잠깐 건너다보니 김이 많이 나는 하얀 쌀밥을 담아서 상을 차려 놓았다. 그걸 보니 견물생심이라더니 나도 어서 마치고 가서 저런 밥을 먹어야지 하는 생각이 들었다. 금식한다고 그래서인지 자기네들끼리 들어가서 맛있게 먹고 앉았다. 앉아 있기가 쑥스러워서 내 침소로 돌아오고 말았다. 오늘 석양에는 뱃속이 이상해서 변소에를 갔더니 새까만 변이 물로 나온다. 갔다 오고 나니 속이 편안했다.

10월 31일 금요일 제30일째

신약 요 9-21, 행 1-28. 오늘은 날씨가 흐리고 좀 쌀쌀해진 편이다. 이봉성 목사와 박정석 목사께 편지를 써 가지고 부치려 하는데 마땅한 인편이 없어서 망설이고 있는데 마침 기도원 원장인 박 목사님이 내원하셨다. 박 목사님과 서로 인사하고 난 뒤 박 목사님 말씀이 나 위해서 기도하고 일반신도들에게 선언했다 하시면서 이 목사님 위해 기도하는 사람이 많다고 하셨다. 내게 퍽이나 위로가 되었다. 마침 시간을 얻어서 박 목사님께 내가 헌신한 동기와 그동안 지내온 경험을 이야기하고 앞으로 우리 교회와 자매결연을 하자고 하니까 좋게 생각하셨다. 결과는 앞으로 보아야 할 일이다. 그리고 박 목사님 말씀이 기도 마치고 한 10일간은 양을 정해 식사를 하라고 하시고 집회를 한 번 나가라고 하셨다. 그리고 40일 기도 기념으로 기념식수를 하나 하라고 하셨다.

11월 1일 토요일 제31일째

신약 롬 1-16, 고전 1-16, 고후 1-13, 갈 1-6. 오늘도 날씨는 청명하나 쌀쌀한 날씨이다. 2, 3일간 앉았다 일어서면 어지러운 기운이 있었는데 오늘부터는 그 기운도 없어졌다. 참으로 감사할 일이다. 오늘도 여전히 기도하고 성경 읽다가 오후에 이르러서 와이셔츠 2장을 세탁하여 널고 코스모스 꽃씨를 취종했다. 이제는 성경 읽고 기도하는 도수가 좀 게을러진 것 같다. 왜일까 생각하니 이제 마치고 교회에 갈 날이 가까워지니까 이제 가면 집안일이나 교회에 대해서 할 일들을 머리에 자꾸 연상한다. 일이란 죽는 날까지 한이 없는 것이겠지만 그러나 그동안 내가 없는 그 기간에 집의 일이나 교회의 일들이 나의 손을 많이 기다리고 있을 것이다.

11월 2일 일요일 제32일째

신약 엡 1-6, 빌 1-4, 살전 1-5, 골 1-4. 오늘도 밤 12시 30분에 일어나 기도드리고 찬송을 부르고 신약 에베소서 1장으로 시작해 마지막

6장까지 읽었다. 좀 누워서 꿈을 꾸고 일어나니 4시가 넘었는데, 꿈에서 마귀와 싸워서 승리하는 꿈을 꾸고 어찌나 상쾌하던지 하나님께 감사기도 드렸다. 오늘은 이 기도원에서 마지막 주일인 것 같아서 오전 예배를 자청해서 예배 인도했더니 밤 예배까지 해 달라고 해서 오전과 오후 예배를 인도했다. 기력은 쇠한 것 같으나 힘들지 않고 피곤도 느끼지 않았다. 오늘은 날씨가 상당히 쌀쌀해서 곤로에 불도 좀 피우고 했는데 밤에는 난로를 주어서 아주 편리했다.

11월 3일 월요일 제33일째

신약 살후 1-3, 딤후 1-4, 몬1, 딛 1-3, 히 1-13. 오늘은 오전에 세탁해 놓고 오후에는 40일 기도 기념식수 소나무 2그루를 기도원 교회 정면 좌우 측에 식목을 하였다. 그리고 하오 3시경 시내에 나가서 이발을 하고 돌아올 때는 굉장히 추웠다. 막 와서 원장 목사님 쓰시는 난로를 피우고 도움을 보고 있노라니 집회 장소에서 가져가고 말았다.

11월 4일 화요일 제34일째

오늘 일찍 속옷을 세탁하여 널어놓고 청소를 한 다음 침구를 정리해 놓고 성경을 읽으며 안식구 오기를 고대하며 기다리고 있었다. 정오 12시가 다 되어가면서 처남 윤택 군과 둘이서 찾아왔다. 세월이 빨라 며칠 앞두고 손꼽아 기다렸더니 드디어 그날이 닥쳐와 고대하던 안식구가 와서 서로 기쁜 낯으로 대하여 잠시 이야기하다가 짐짝을 묶어가지고 김영일

군과 익만 군의 차에 싣고 합승하여 정유소까지 운반해 주어서 서울에 하오 4시에 도착하여 순복음중앙교회에 입교하여 밤 집회에 참석하고 기도실에 난로까지 주어서 아주 편리하였다.

11월 5일 수요일 제35일째

오늘은 새벽 집회를 시작하여 오전과 오후에 많은 은혜를 받았다. 날씨가 쌀쌀했지만 기도실을 빌려주시고 난로까지 주시고 오전과 오후에 기름도 떨어지지 않게 손수 와서 주유해 주어서 춥지 않게 잘 지냈다. 오늘 밤에는 방언의 싹이 트기 시작하였다.

11월 6일 목요일 제36일째

오늘도 어제와 같이 은혜를 받았다. 오늘 오전에 문병초 집사에게 11월 14일 금요일에 압해 도착예정으로 서신을 보냈다. 오늘 오후에는 결핵 환자 27살 청년과 순복음중앙교회 신학교 학생들의 동기 모임 기도실에 있어서 좀 복잡하였다. 그리고 한 가지 속상한 것은 코트를 손실하였다. 그러나 모든 것이 하나님 섭리로 인정하고 기도 중 일종의 시험으로 알고 기도에 지장 없기를 노력하였다. 오늘 새벽부터 기도 중 방언을 계속 할 수 있다.

* 이후 40일 째까지 기록은 없다.

내 아버지 추모가

　이인재 목사는 처가 마을의 교회로 부임하게 된다. 이때 그는 아버지 이판일 장로와 같은 순교적 각오로 영적 투쟁을 하겠다는 결심으로 분열된 대천제일교회에 부임하던 해 10월 2일부터 11월 10일까지 40일 동안 인천에 있는 마가의 다락방 기도원에서 죽음을 각오하고 금식기도에 몰입한다. 모세가 율법을 받을 때나 예수 그리스도가 공생애를 시작하기 전에 40일 금식기도를 한 일이 있지만 당시에 보통 사람들은 소수의 사람을 제외하고는 보기 드문 일이었다. 금식기도하고 보호식 잘못하여 죽었다는 이야기를 종종 필자도 들은 바는 있다. 이인재 목사가 결단하고 금식기도 하던 중 10월 4일 토요일 새벽 '내 아버지 추모가'라는 제목의 가사를 지었다. 이날은 음력 8월 23일로 그가 평생 닮고 싶었던 아버지가 순교한 지 꼭 19년째 되는 날이었다.

내 아버지 추모가(1969년 10월 4일)

　1. 내 아버지 가신 날이 그 몇 해나 되었는가.
　　　손을 꼽아 헤어 보니 어언간에 열아홉 해
　　　19년 전 이날 밤에 악당들의 인솔하에
　　　형장으로 끌려가신 그 모습이 참혹하다.

　2. 할머니를 등에 업고 온 식구를 앞세우고
　　　어둠침침 새벽길을 한 발자국 다 발자국
　　　십리나 된 머나먼 길 힘이 없이 걸으실 때

악당들은 채찍으로 빨리 가자 재촉했네.

3. 순교장에 다다라서 정성 다해 무릎 꿇고
   하나님께 부르짖어 기도하며 하신 말씀
   내 식구의 영혼들과 내 영혼을 받으시고
   무리들의 하는 처사 용서하여 주옵소서.

4. 이와 같이 비올 때에 무자비한 악당들은
   죽을 놈이 무슨 기도 필요하냐. 욕하면서
   달려들어 몽둥이로 머리부터 내리칠 때
   주의 이름 부르시며 그 자리서 운명했네.

5. 계속해서 악당들은 남은 식구 12명을
   이미 파둔 구덩이에 쓸어 넣고 짓밟으며
   죽창으로 찌르고 흙으로써 덮을 적에
   육체들은 매장되고 영혼들은 승천했네.

6. 가을 하늘 푸른 창공 반짝이는 저 별들아
   희미하게 비추이는 일그러진 반쪽 달아
   19년 전 이날 밤에 되어졌던 그 사실을
   외로웁게 누워 있는 내 자신에 알려다오.

7. 내 아버지 내 어머니 내 할머니 내 동생들
   못다하신 그 성업을 계승하여 받들고저
   이 몸 드려 충성 다해 희생제물 각오하여

내 모든 것 드리오니 주여 받아 주옵소서.

8. 중도에서 쓰러질까 염려되어 연단코자
   이성산에 찾아와서 40일간 금식기도
   매달려서 구하오니 주여 새 힘주시어서
   승리롭게 맞이하도록 성령이여 도우소서.

9. 내 아버지 내 식구들 그 영혼이 낙원에서
   이 자식을 위하여서 쉬지 않고 기도하리.
   주의 이름 힘입어서 승리롭게 순교하신
   내 아버지 뒤를 따라 나도 가려 하옵니다.

故 이인재 목사 약력

본적 : 전라남도 신안군 임자면 진리 481
주소 : 전라남도 목포시 산정동 1394
생년월일 : 1922년 1월 12일

학력 및 경력
1958. 03. 06 서울신학대학교 16회 졸업
1953. 05. 30 대기리교회 개척 시무
1958. 10   증동리교회 부임 교회 신축
1960. 05   목포 상락교회 (당시 동명동교회) 시무
1961. 12. 27 목사안수(제16회 총회)

여수 고소동(현, 여수교회) 시무

1963. 05   충남미당교회 시무

1965. 10   전남지방회 전장포교회 시무

1969~1977   압해제일교회, 자은제일교회, 목포베다니교회
               목포중앙교회, 옥천중앙교회(경기동지방)개척 시무

1977~1983   목포평화교회 개척 시무

1983 10. 23   임자진리교회 시무

1983. 03   전남지방회장 역임

1992. 05. 12 임자진리교회 원로목사 추대

2008. 11   국제사랑재단 제 1 회 원수사랑 상 수상

여섯 번째 걸음

그의 후손들

이성관 목사의 설교

이성관 목사의 설교

접속

까치가 먹다 남긴 감은 같은 나무의 다른 감들보다 더 맛있습니다. 그래서 까치는 맛있는 감을 알아내는 능력이 있다고 생각하게 되었습니다. 그런데 어느 분이 연구한 결과 사실이 아님이 밝혀졌습니다. 까치가 먹다 남긴 감이 상처를 입고 죽어가는 상황이 벌어졌습니다. 감나무가 이것을 알아차리고 비상사태를 선포하고, 영양분을 집중적으로 그 상처 입은 감에게 공급하기 시작합니다. 그래서 그 감이 썩거나 상해서 떨어지지 않고 살아남게 됩니다. 많은 영양분을 공급 받은 혜택의 또 다른 결과가 바로 맛이 월등하게 좋아진 일입니다. 놀랍고 감동적인 사실입니다.

세상은 꺼져 가는 등불은 마저 꺼버리고, 상처 입은 갈대는 마저 꺾어버립니다. 그러나 주님은 그러지 않으셨습니다. 경건하지 않은, 죄인 된, 심지어 원수 된 우리를 끝까지 사랑하셨고 안아 주셨습니다(롬5:6-10). 그리고 우리 보고 다른 사람을 향해 그렇게 살아야 한다고 말씀하셨습니다. 그런데 우리는 반대로 살고 있습니다. 정의라는 이름으로, 또는 그럴듯한 명분을 내세워 무자비합니다. 주님은 말세의 징조로서 많은 사람들,

즉 대부분의 사람들의 사랑이 식어질 것이며, 서로 잡아주고(고소, 고발), 서로 미워하게 될 것이라고 하셨는데(마24:10,12), 오늘 이 시대가 바로 그런 것 같습니다.

하나님은 이 세상을 사랑의 시스템으로 연결되고 존재하도록 만드셨습니다. 지금도 여전히 자연 만물은 이 사랑에 의해 운행되고 있습니다. 그러므로 얼핏 보면 세상은 어두움과 혼돈과 공허가 지배하고 있는 것 같지만, 분명히 하나님의 사랑의 시스템은 작동 중입니다. 다윗은 그 곤핍한 도망자 시절에 하늘의 달과 별을 보면서, 위로를 얻고 힘을 얻었습니다. 반짝이는 별들을 보며 자신을 격려하시는 하나님의 손짓으로, 바람소리, 새들의 소리를 하나님의 음성으로, 흘러가는 구름을 하나님의 따뜻한 품으로 느끼며, 용기백배하여 도망자의 삶을 열심히 살았습니다(시19:1-6).

도처에 널려 있는 하나님의 사랑에 접속한 것입니다. 그래서 그 사랑을 집중적으로 공급받고 살아나서 열심히 사울의 추격을 피해 도망치고 달려갔습니다. 그가 만약 어둠에 접속하고, 눈앞의 사울 왕이 던지는 두려움과 공포에 계속 접속했다면 십여 년 이상의 도망자의 삶을 성공적으로 살 수 없었을 것입니다. 오월이 지나 성하(盛夏)의 계절이 되었습니다. 태양은 맹렬하게 존재감을 최고조로 드러내며 활동 중입니다. 그 뜨거운 열기들로 곡식들은 잘 여물어 가고 과실들은 충실하게 단 맛을 머금으며 익어 갈 것입니다.

그런데 다시 눈을 들어 세상을 보면 사랑의 세밀한 손길은 산과 들을 신록으로 가득 채우셔서 우리들이 뜨거운 태양 아래서 쉼을 얻고 안식을 얻도록 배려해 주셨습니다. 이 사랑의 시스템에 접속하며 살아갑시다. 그래서 사랑을 나누어주고 공급하는 축복의 통로로 살아갑시다. 이것이 이 땅에서의 우리 본분이 아닐까요?

야긴과 보아스

　임직식 때 자주 듣습니다. 야긴과 보아스 같은 교회의 기둥이 되기를 바란다고 말입니다. 이것은 참으로 잘못 되었습니다. 집이 세워지는 데 기둥이 필요한 것은 사실입니다. 그러나 기둥만으로는 집이 세워지지 않습니다. 벽돌 한 장도 중요하고, 문설주도 절대 필요합니다. 집 짓는 주인은 요량에 따라 이런 저런 재료들을 준비했습니다. 필요에 따라 긴요하게 쓰일 것입니다. 만약 방구들로 쓰기 위해 갖다 놓은 돌이 모퉁이 돌 되겠다고 나선다면 어떻겠습니까? 그런데 이런 일에서 더 나아가 옆에서 야긴과 보아스 같은 성전의 기둥이 되기를 바란다고 치켜세우고, 본인도 그래야지 라고 생각한다면 이제 정말 심각한 일이 시작됩니다.

　야긴과 보아스라는 두 개의 기둥은 솔로몬 성전의 실내가 아닌 실외에 세워졌었습니다. 건물을 떠받치는 기둥이 아니었다는 얘기입니다. 이 기둥들은 하나님의 지시에 의해 세워졌습니다. 어디에요? 성전 입구 양쪽에, 성전 건물보다 더 높게 세워졌습니다. 야긴의 뜻은 '그가, 즉 하나님께서 세우신다'이고, 보아스는 '그분 안에, 즉 하나님께 능력이 있다'입니다.

　성전에 예배하러 들어가는 사람은 누구든지 이 두 기둥 사이를 지나가야 합니다. 그러면서 하나님께서 어떤 분이신지를 다시 새롭게 깨닫고 생각합니다. 온 천지 간에 세우시는 분은(나라, 집, 인생, 건강, 그 무엇이든) 오직 하나님이시며, 하나님만이 절대적 온전한 능력을 가지고 계심을 가슴 절절하게 새롭게 새기면서 경외의 마음으로 성전 안으로 들어가는 것입니다.

　우리말에 동량지재(棟樑之材)가 있습니다. 집안이나 나라에 기둥이 될 만한 인재를 뜻하는 이 말이, 제가 어렸을 때는 '대통령 될래요', '장군감이다' 등의 말로 현실화되어 사용되었었습니다. 교회에서는 '머리되고 꼬리 되지 않게 해 주소서'이지요. 여기에 야긴과 보아스는 머리 되는 일의 구체적인 비전으로 부추기는 데 사용되고 있습니다.

'교단을 위해서 일하겠다, 교회를 바로 세우겠다'는 등의 말을 많이 듣습니다. 정말 우리는 야긴과 보아스의 두 기둥을 지나면서 하나님의 무게를 제대로 내 온 존재 전체로 느끼고 있는 것일까요? 그런 무게 가운데서 그 하나님을 예배하는 경배자로 지금 살고 있는 걸까요? 그런 사람이 위와 같은 말을 쉽게 할 수 있을까요? 헌법연구위원회에 잠시 있어 보았는데, 웬 유권해석 요청 건은 그리 많이 들어오는지요. 재판위는 또 어떻습니까? 교회와 지방회와 총회에 야긴과 보아스라는 기둥들이 없어서, 부족해서 그런 것일까요?

야긴과 보아스, 두 기둥은 하나님이십니다. 하나님만이 교회와 당신의 나라를 세우시는 분이시며, 하나님만이 능력을 가지신 주권자이십니다. 하나님께서 이 두 기둥을 왜 성전 문 앞에 세우라고 하셨겠습니까? 몰라서 임직식 때 그렇게 권면하고, 꿈을 꾸었겠지요. 하나님의 자리를 우리도 모르게 침범하고 차지한 것 아닐까요? 교단이든 교회든 일꾼이 필요한 것이 아니라, 두 기둥 사이를 지나 참으로 떨리는 가슴으로 예배하는 사람이 필요하지 않을까요?

여주성결교회
이인재 목사 둘째 아들 이성관 목사

여주성결교회 전경

임자진리교회
이인재 목사 셋째 아들 이성균 목사

임자진리교회 전경

十四十八人殉教紀念塔

기독교대한성결교회 제110년차 역사편찬위원과 박문석 목사, 이성균 목사

이판일 장로의 후손들과 박문석 목사, 강대필 장로

주(註)

1) 『생명의 불꽃』 p.31-

2) 1933년 1월호 p.61

3) 『섬마을 순교자』 p.36-37

4) 이종무 『한국성결신문』 2008년 11월 22일

5) 『섬마을의 순교자』 p.86, 『순교자 문준경』 p.83

6) 『활천』 32년 10월호 p.541

7) 『활천』 1933년 1월호 p.61 문준경과 양석봉이 임자도교회로 파송 받음.
   통신란에 임명

8) 『섬마을 순교자』 p.49

9) 『섬마을 순교자』 p.62

10) 『활천』 1940년 1월호

11) 『활천』 1941년 6월호 p.223

12) 통화 2016년 11월 29일부터 수차

13) 이봉성 기념문집 『나의 목회를 말한다』 p.131

14) 『활천』 1936년8-9합본 p.100

15) 성결교회 인물 집 제5권 p.43

16) 『활천』 1955년 4호 p.41 1955년 2월 2월 이성봉 집회시 20주년 기념일 이봉
    성 주례

17) 1936년 7월호 p.57

18) 진리교회 원로장로 강대필 증언

19) 1932년-1935년까지 시무

20) 『섬마을 순교자』 p.119-

21) 『활천』 37년 문준경 임자교회 부흥기사 참조

22) 『섬마을 순교자』 p.96

23) 기념문집 약력 상황 참조 1947-1952년 시무

24) 이봉성 문집 p.180

25) 기독교 100년사 6권 p.155-163

26) 『섬 마을의 순교자』 p.98

27) 성결교회 수난사 이봉성편 p.85-87

28) 『활천』 1934년 7.8월호 합본 p.492

29) 이인재목사 증언

30) 『섬마을 순교자』 p.62-63

31) 『활천』 1932년 10월호 p.55

32) 『활천』 1933년 1월호 p.61

33) 『활천』 1941년 6월호 p.223

34) 통화 2016년 11월 29일부터 여러 차례 통화 확인

35) 『섬마을 순교자』 p.86

36) 『생명의 불꽃』 p.46

37) 『활천』 1934.8.9월 합본 p.100

38) 이봉성 자서전 p.180

39) 이봉성 기념문집 p.183

40) 기념문 p.186

41) 기념문집 p.185

42) 이성봉 자서전 p.109

43) 한국기독교 백년 6권 p.160

44) 이봉성 기념문집 p.191

45) 『활천』 1933년 1월호 p.61

46) 성결교회 인물전 5권 p.43

47) 1955년 4월호 p.41

48) 성결교회 인물전 5집 p.43

49) 교회 시작은 1932년 3월경으로 봄

50) 성결교 인물전 5권 p.43

51) 『활천』 1940년 1월호 p.40

52) 『섬 마을의 순교자』 p.98

53) 1976년 4월 1일 약업신문 제15회 수상기사 내용

54) 『섬마을 순교자』 p.122

55) 이봉성 목사의 기념 문집 2002년 출판위원회(대표 박훈용)

56) 이봉성의 기념 문집

57) 이봉성 기념 문집 p.183

58) 성결교회 수난사 p.83

59) 이봉성 기념 문집 p.77

60) 학식과 덕행이 높아 남의 모범이 될 만한 인물

61) 그의 생의 마지막 성회였다고 들었다.

62) 은혜교회 원로 이혜천 목사 증언

63) 『활천』 1937년 8, 9호 합본 p.504

64) 1940년도 간 『활천』 제19권 제1호 p.40

65) 『말로 못하면 죽음으로』 자서전 p.107

66) 자서전 p.149-150

67) 『말로 못하면 죽음으로』 자서전 p.150

68) 이성봉 자서전 p.109

69) 1940년 1월호 p.39

70) 『활천』 1937년 8, 9호 합본 p.504

71) 이순신 리더십 p.18

72) 이순신 리더십 p.8

73) 이종무 순교자 이판일에서

74) 박완저 기독교 100년 p.162

75) 북교동 80년사 p.381

76) 성결 약사 p.167

77) 『말로 못하면 죽음으로』 p.150